玩成优等生的365个逻辑游戏

张祥斌　主编

当代世界出版社

图书在版编目（CIP）数据

玩成优等生的365个逻辑游戏 / 张祥斌主编. -- 北京：当代世界出版社，2013.4

ISBN 978-7-5090-0867-6

Ⅰ．①玩… Ⅱ．①张… Ⅲ．①智力游戏－青年读物②智力游戏－少年读物 Ⅳ．①G898.2

中国版本图书馆CIP数据核字(2012)第281307号

书　　名：	玩成优等生的365个逻辑游戏
出版发行：	当代世界出版社
地　　址：	北京市复兴路4号（100860）
网　　址：	http://www.worldpress.com.cn
编务电话：	（010）83908400
发行电话：	（010）83908409
	（010）83908377
	（010）83908423（邮购）
	（010）83908410（传真）
经　　销：	新华书店
印　　刷：	三河市祥达印装厂
开　　本：	710×1000毫米 1/16
印　　张：	16.5
字　　数：	190千字
版　　次：	2013年4月第1版
印　　次：	2013年4月第1次
书　　号：	ISBN 978-7-5090-0867-6
定　　价：	28.00元

如发现印装质量问题，请与承印厂联系调换。
版权所有，翻印必究；未经许可，不得转载！

目 录

第1章　数字逻辑游戏

1 数字之窗	2
2 数字卡片	2
3 数字明星	3
4 数字键盘	3
5 数字纵横	4
6 数字路口	4
7 数字十字架	5
8 切割数字蛋糕	5
9 数字三角形	6
10 数字正方形	6
11 数字六边形	7
12 数字转盘	7
13 数字方向盘	8
14 数字圆中方	8
15 数字地砖	9
16 数字屋顶	9
17 数码大厦之门	10
18 中心数字	10
19 数字螺旋	11
20 数字金字塔	11
21 数字金字塔之巅	12
22 数字向心力	12
23 数字密码集	13
24 数字曲径	14
25 数码大厦一角	14
26 数字七角星	15
27 数字八卦阵	15
28 移动的数字	16
29 骨牌的困惑	16
30 填字游戏	17
31 填充方格	17
32 数字地基	18
33 魔术方阵	18
34 填空格	19
35 符号代数	19
36 纵横等式	20
37 符号代数	20
38 水果算术题	21
39 问号处代表的符号	21
40 方格填数的技巧	22
41 数字排列规律	22
42 完成谜题	23
43 数字格子	23
44 运动中的数字	24
45 图形变换	24
46 数字幻方	25
47 四阶魔方	25

第2章　文字逻辑游戏

48 宝塔诗如何读	28
49 数字会意诗	28
50 花心诗	29
51 矩式回文诗	29
52 单字双叠诗	30
53 敦煌十字图诗	30
54 拆字连环贯通回文诗	31
55 七言四句加五言四句十字图诗	31

56 飞雁体诗	32	
57 三角形诗	32	
58 桃花源诗碑	33	
59 翠蕉诗	33	
60 火环诗	34	
61 酒壶诗	34	
62 梅花形诗	35	
63 汉字接龙（1）	35	
64 汉字接龙（2）	36	
65 汉字接龙（3）	36	
66 汉字接龙（4）	36	
67 汉字接龙（5）	37	
68 汉字接龙（6）	37	
69 找出对应项（1）	37	
70 找出对应项（2）	38	
71 找出对应项（3）	38	
72 找出对应项（4）	38	
73 找出对应项（5）	38	
74 找出对应项（6）	39	
75 汉字的美	39	
76 鲛人的传说	39	
77 孔子的生死观	40	
78 青藏高原的原始生态环境	40	
79 幽默	41	
80 人生目标	41	
81 定格行为	42	
82 强迫症	42	
83 鲁迅的著作	43	
84 汽车油耗	43	
85 三段论	43	
86 留大胡子的人	44	
87 烦心的问题	44	
88 空间探索	45	
89 广告	45	
90 文化和语言	45	

91 黑马	46	
92 北冰洋海底	46	
93 中国的沙漠	47	
94 火山	47	
95 云南的生物多样性	48	
96 物质产品和技术发明	48	
98 成功的行销运作	49	
99 司机与交警的对话	50	
100 和谐与音乐	50	
101 结构性失业	51	
102 中国古代历法	51	
103 湿地	52	
104 行为科学	52	
105 发明家	53	
106 潜在目标	53	
107 中国消费信贷市场	54	
108 玉米年产量	54	
109 周庄旅游收入	55	
110 "男女"和"阴阳"	55	
111 音乐欣赏	55	
112 商业设计	56	
113 非物质文化遗产	56	
114 能源价格	57	
115 炸弹按钮	57	
116 木条的含义	57	
117 凶手的名字	58	
118 问路	58	
119 毛拉解难题	59	
120 奇诗	59	
121 一封妙信	60	
122 林肯的推理	61	
123 秘密通道	62	
124 数字信	62	
125 血写的X	63	
126 怪盗基德的预告函	63	
127 神秘的暗号	63	

128 少尉破密函	64
129 蒙太奇高校杀人事件	64
130 报警的数字	65
131 密码电报之谜	66

第3章　字母逻辑游戏

132 字母接龙（1）	68
133 字母接龙（2）	68
134 字母接龙（3）	68
135 字母与数字（1）	69
136 字母与数字（2）	69
137 按规则填字母（1）	70
138 按规则填字母（2）	70
139 按规则填字母（3）	71
140 字母等式	71
141 字母键盘	72
142 字母填空	72
143 差别最大	72
144 多余的字母	73
145 特殊的字母	73
146 哪一个是特殊的	74
147 字母推理	74
148 字母的规律	74
149 字母填空	75
150 字母转化	75
151 "Z"的颜色	75
152 找规律填字母	76
153 破解字母密码	76
154 字母卡片	77
155 字母转盘	77
156 字母方圆	77
157 字母围墙	78
158 字母通道	78
159 字母窗口	79
160 字母大厦	79

161 字母十字架	80
162 字母正方形	80
163 字母桥梁	81
164 字母瓶颈	81
165 字母纵横	82
166 字母连环	82
167 字母铺路石	83
168 字母向心力	83
169 字母密码本	84
170 字母的数字含义	84
171 缺少的字母	85
172 找规律填字母	85
173 看图片找规律	86
174 数字和字母的关系	86
175 数字和字母	87
176 "数字+字母"圆盘	87
177 "数字+字母"转盘	88
178 破解"数字+字母"密码	88
179 "数字·字母"正方形	89
180 填什么数字	89
181 填什么字母	90
182 填字母完成谜题	90
183 缺失的字母	91
184 找规律	91
185 字母方阵	92
186 找出三个数字	93
187 藏宝箱	93

第4章　图形逻辑游戏

188 图形接龙（1）	96
189 图形接龙（2）	96
190 图形接龙（3）	96
191 图形接龙（4）	97
192 图形接龙（5）	97

193 图形接龙（6）	97	
194 选出下一个图形（1）	98	
195 选出下一个图形（2）	98	
196 选出下一个图形（3）	98	
197 选出下一个图形（4）	98	
198 选出下一个图形（5）	98	
199 选出下一个图形（6）	99	
200 对调铅笔	99	
201 三色连线	99	
202 男女有别	100	
203 巧分挂表	100	
204 相反的一面	101	
205 叠放的布	101	
206 余下的一个是谁	102	
207 不同的正方形组合	102	
208 找不同	103	
209 与众不同的图形	103	
210 哪一个与众不同	104	
211 看图片，找规律	104	
212 找规律，选图形	105	
213 图形变化	105	
214 选图形	106	
215 符号序列	106	
216 图形分类	107	
217 填补空白	107	
218 跷跷板	108	
219 找规律，选择合适的图案	108	
220 平面拼合	109	
221 找出同类图形	109	
222 适合的图形	109	
223 包装盒	110	
224 找出对应纸盒	110	
225 不同寻常的保险箱	111	
226 看图片找规律	111	
227 神秘符号	112	
228 应填入什么符号	112	
229 不相称的图	113	
230 找不对称图形	113	
231 图形填空	114	
232 右下角是什么图	114	
233 奇异金字塔	115	
234 金字塔之巅	115	
235 金字塔的推理	116	
236 找出另类（1）	116	
237 找出另类（2）	116	
238 找出下一个字符	117	
239 图形延续	117	
240 方格涂色	118	
241 涂色游戏	118	
242 胶滚滚涂图案	119	
243 巧选图形	119	
244 选出合适的	120	
245 点线组合	120	
246 图形匹配	121	
247 图形规律	121	
248 正方形的规律	122	
249 找规律	122	
250 巧分三星	123	
251 蜘蛛空间	123	
252 等分图形	124	
253 十全十美	124	
254 心中有数	125	
255 智力拼板	125	
256 四J拼方	126	
257 最大面积	126	
258 有多少个呢	127	
259 复杂图形	127	
260 找图形	128	
261 更多三角形	128	

262	穿过花心的圆	129
263	巧妙分蛋糕	129
264	剪拼成方	130
265	巧拼矩形	130
266	两个正方形	130
267	通向数学的捷径	131
268	趣味看图	131
269	环形内外	132
270	侧影拼图	132
271	难倒大侦探	133

第5章 逻辑探案游戏

272	是否有罪	136
273	该释放谁	136
274	谁是凶手	137
275	警方判断	137
276	警长判案	138
277	张三有罪吗	138
278	是否参与作案	139
279	珠宝商店失窃案	139
280	杀人犯、抢劫犯和无辜者	140
281	找出武器	140
282	谁是领头	140
283	嫌犯家庭的性别组成	141
284	家庭谋杀案	141
285	姻亲关系	141
286	星期几干的	142
287	对号入座	142
288	三个珠宝箱	143
289	竞选黑老大	143
290	藏宝图	144
291	警察局里的拔河比赛	144
292	谁是最佳警员	144

293	黑老大的行踪	145
294	是谋杀吗	145
295	箱子里的东西	146
296	叽里咕噜	146
297	Bal和Da是什么意思	147
298	嫌疑犯的血型	148
299	并非办案干练	148
300	狱卒看守囚犯	148
301	囚犯和头发的数量	149
302	男嫌犯的家庭情况	149
303	警车去向	149
304	嘉利与珍妮	150

第6章 趣味逻辑游戏

305	巧得一千元	152
306	她能离婚吗	152
307	乱配鸳鸯	152
308	他们是什么关系	152
309	孰男孰女	153
310	性别组合	153
311	说反话的外星人	153
312	正确答案	154
313	得分	154
314	谁是冠军	154
315	网球对抗赛	155
316	划拳比赛	155
317	赛跑	155
318	死刑犯	155
319	问的学问	156
320	取金环	156
321	投票方案	156
322	找翻译	157
323	夜明珠在哪里	157
324	小岛方言	158

325 姐妹俩	158
326 他们有多大	159
327 山羊买外套	159
328 猜头花的颜色	159
329 他是怎么猜到的	160
330 黑红手绢	160
331 盲人分袜子	161
332 彩色袜子	161
333 鞋子的颜色	161
334 谁偷了奶酪	161
335 谁偷吃了水果和小食品	162
336 谁在说谎，谁拿走了零钱	162
337 猫和鸽子	162
338 被哪个学校录取了	163
339 谁去完成任务	163
340 谁拿了谁的伞	164
341 各是第几名	164
342 共有几条病狗	165
343 各是什么职务	165
344 谁当上了记者	165
345 猜城市	166
346 记错的血型	166
347 真假难辨	167
348 走哪条路	167
349 猜名字	167
350 你的话说错了	168
351 到底多大	168
352 哪个正确	169
353 谁是教授	169
354 小熊的朋友是谁	170
355 水果的顺序	170
356 酒鬼和礼品	171
357 玩扑克	171
358. 哪种花色是王牌	172
359 两对双胞胎	172
360 谁和谁是夫妻	173
361 张三的老婆	173
362 打高尔夫球的夫妇	173
363 远足者过河	174
364 过河	174
365 转移矿石的方法	175

答 案 177

第1章 数字逻辑游戏

生活中天天离不开的数字就是逻辑游戏的最佳素材之一。我们最经常使用的阿拉伯数字虽然只有10个——0、1、2、3、4、5、6、7、8、9，但这10个数字经过不同组合，所代表的数字数量简直就是一个"天文数字"；在这10个数字之间加上运算符号，又可以转换成无穷尽的数字。数字逻辑游戏就是一种通过寻找或利用数字之间的变化规律来获得答案的智力游戏，对逻辑思维的培养具有积极的作用，被人们誉为"数字体操"，在世界上十分普及。只要正确运用逻辑思维，看似纷繁复杂的数字游戏就会迎刃而解。

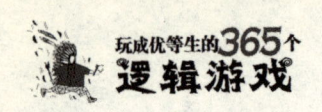

1 数字之窗

问号处应为什么数字？

7	8	1
16	?	5
8	24	16

---

2 数字卡片

问号处应为什么数字？

4	6	8	10	12	?
37	26	17	10	5	?

3 数字明星

问号处应为什么数字?

```
┌─────────┐  ┌─────────┐
│12     5 │  │38     31│
│   ☆    │  │   ☆    │
│24     6 │  │16     4 │
└─────────┘  └─────────┘

┌─────────┐ ┌─────────┐ ┌─────────┐
│18    11 │ │32    25 │ │43    36 │
│   ☆    │ │   ☆    │ │   ☆    │
│44    11 │ │40    10 │ │56     ? │
└─────────┘ └─────────┘ └─────────┘
```

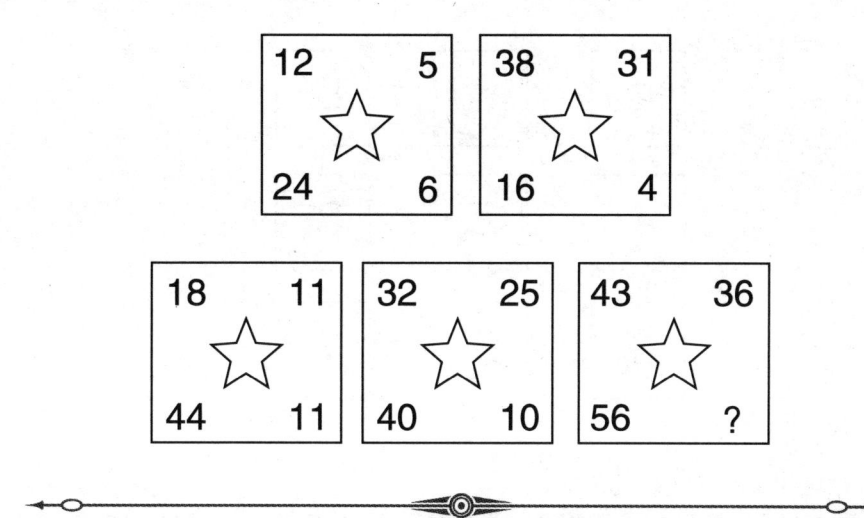

4 数字键盘

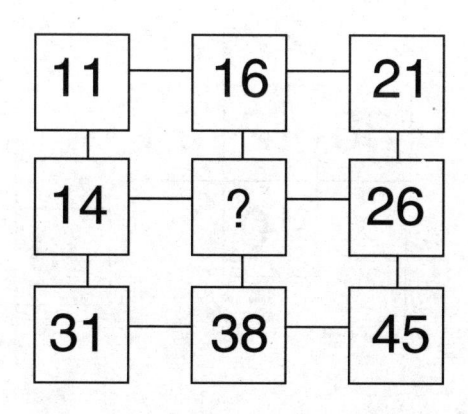

问号处应为什么数字?

```
┌──┐─┌──┐─┌──┐
│11│ │16│ │21│
└──┘ └──┘ └──┘
 │    │    │
┌──┐ ┌──┐ ┌──┐
│14│ │? │ │26│
└──┘ └──┘ └──┘
 │    │    │
┌──┐─┌──┐─┌──┐
│31│ │38│ │45│
└──┘ └──┘ └──┘
```

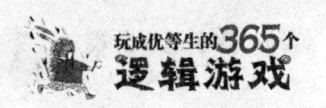

5 数字纵横

问号处应为什么数字？

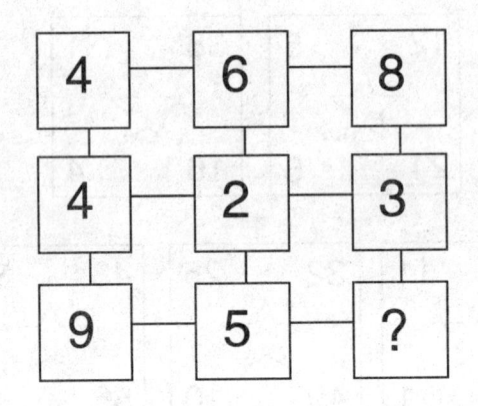

```
4 — 6 — 8
|   |   |
4 — 2 — 3
|   |   |
9 — 5 — ?
```

6 数字路口

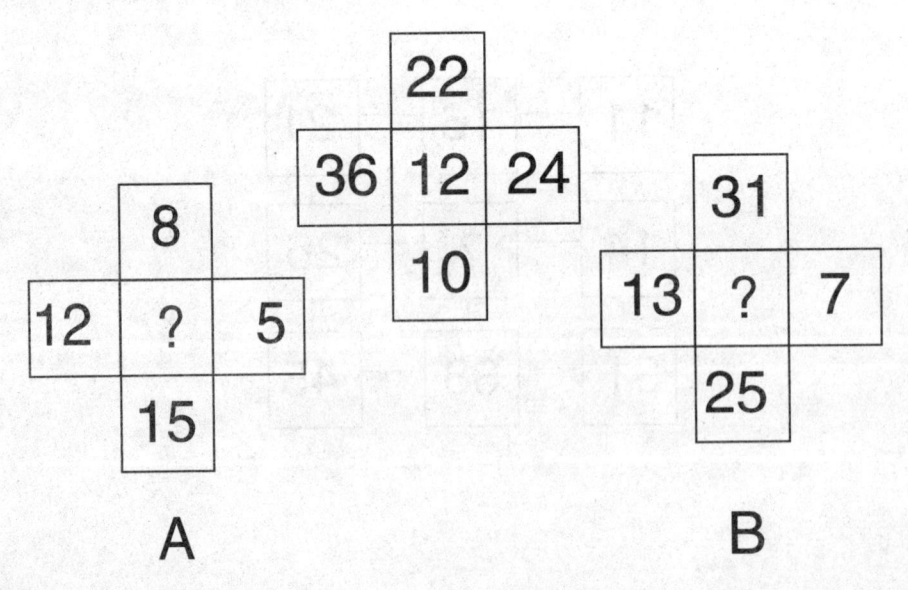

问号处应为什么数字？

```
        22
    36  12  24
        10

  8
12  ?  5
  15
```

A

```
    31
13  ?  7
    25
```

B

7 数字十字架

问号处应为什么数字?

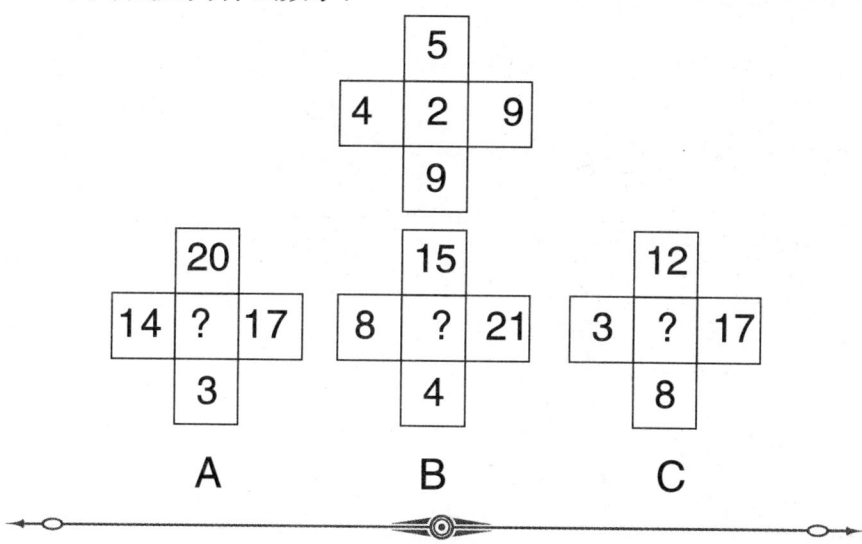

```
        5
    4   2   9
        9

  20         15          12
14 ?  17   8  ?  21    3  ?  17
   3          4           8
   A          B           C
```

8 切割数字蛋糕

问号处应为什么数字?

9 数字三角形

问号处应为什么数字？

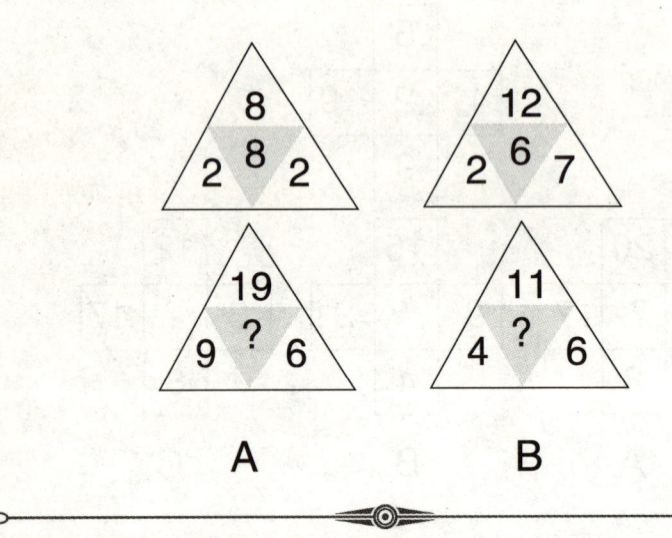

A

B

---

10 数字正方形

问号处应为什么数字？

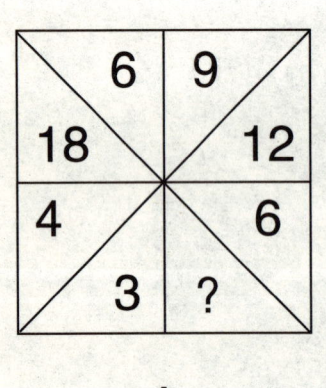

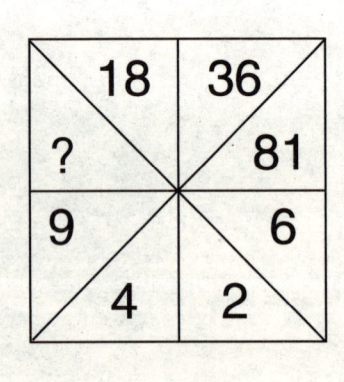

A

B

11 数字六边形

问号处应为什么数字？

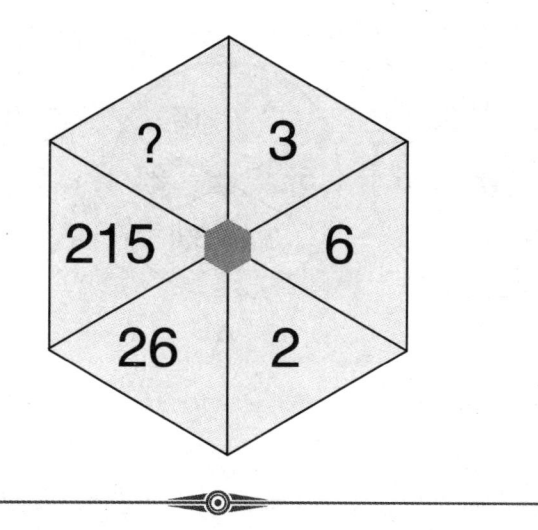

12 数字转盘

问号处应为什么数字？

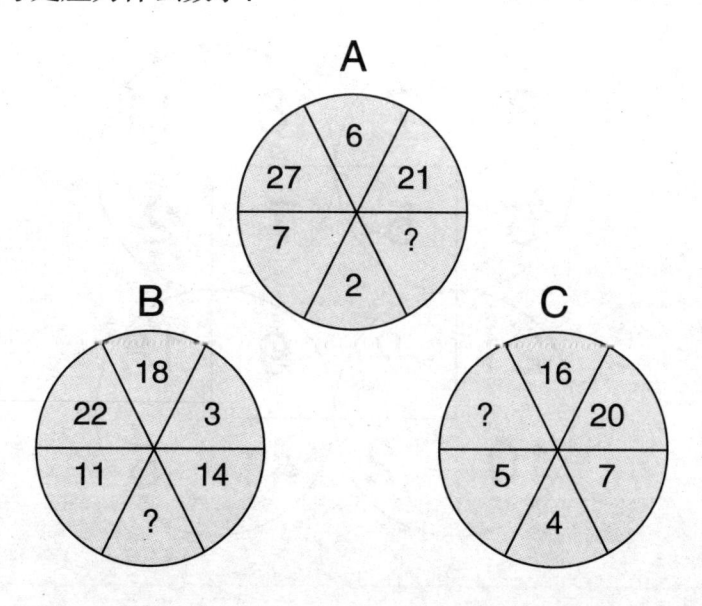

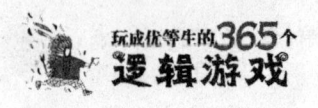

13 数字方向盘

问号处应为什么数字？

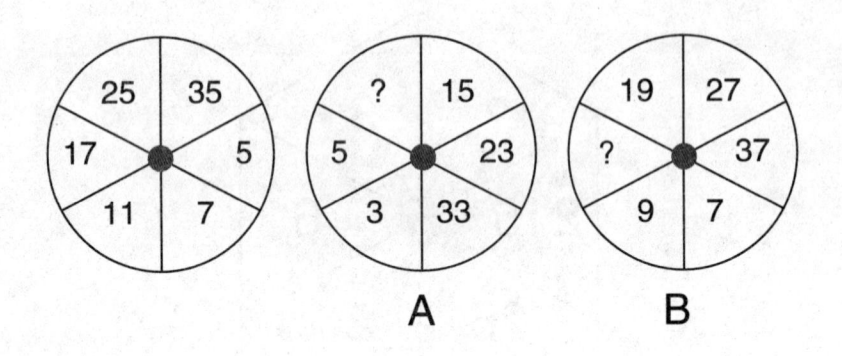

A　　　B

14 数字圆中方

问号处应为什么数字？

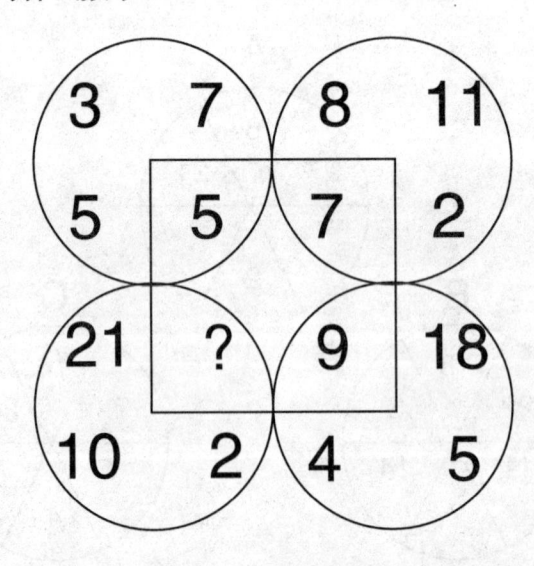

15 数字地砖

问号处应为什么数字？

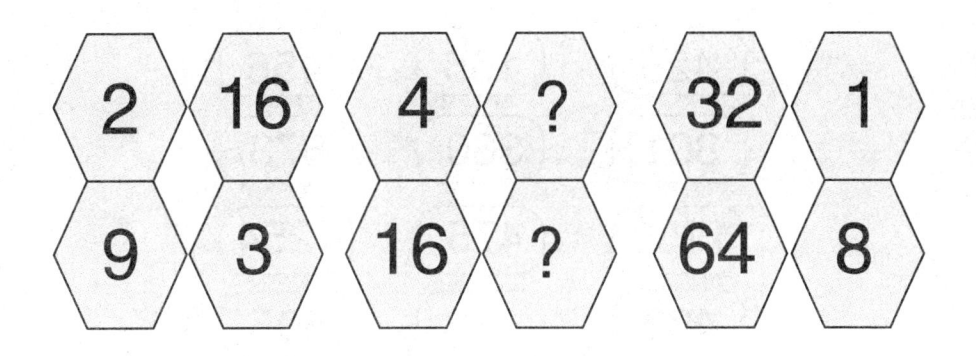

16 数字屋顶

你能求出屋顶上缺少的数字吗？门窗上的每个数字只准使用一次，并且位置不能调换。

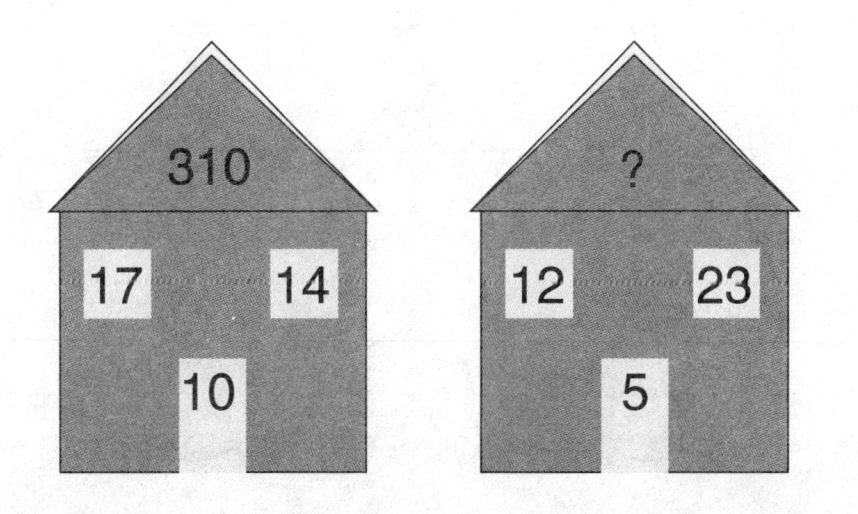

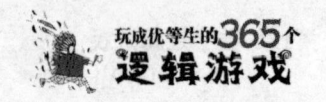

17 数码大厦之门

问号处应为什么数字?

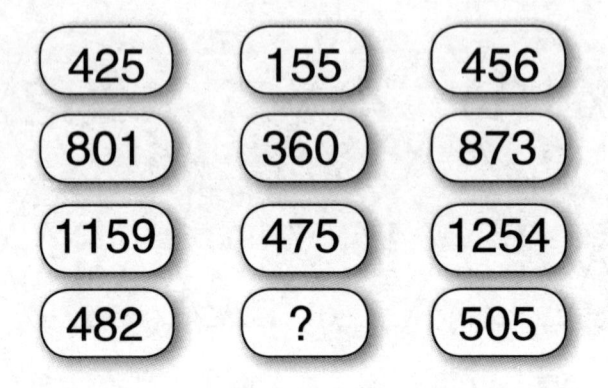

425	155	456
801	360	873
1159	475	1254
482	?	505

---

18 中心数字

下面每一组图形都有它自己的规律。先把规律找出来,再把空缺的数字填进去。

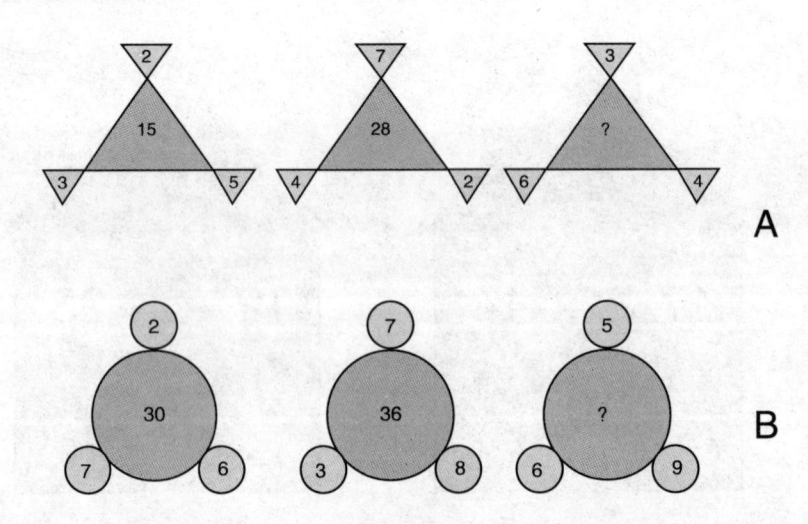

A 组:三角形,顶点数字分别为
- 2, 3, 5,中心 15
- 7, 4, 2,中心 28
- 3, 6, 4,中心 ?

B 组:圆形,周围数字分别为
- 2, 7, 6,中心 30
- 7, 3, 8,中心 36
- 5, 6, 9,中心 ?

19 数字螺旋

问号处应为什么数字?

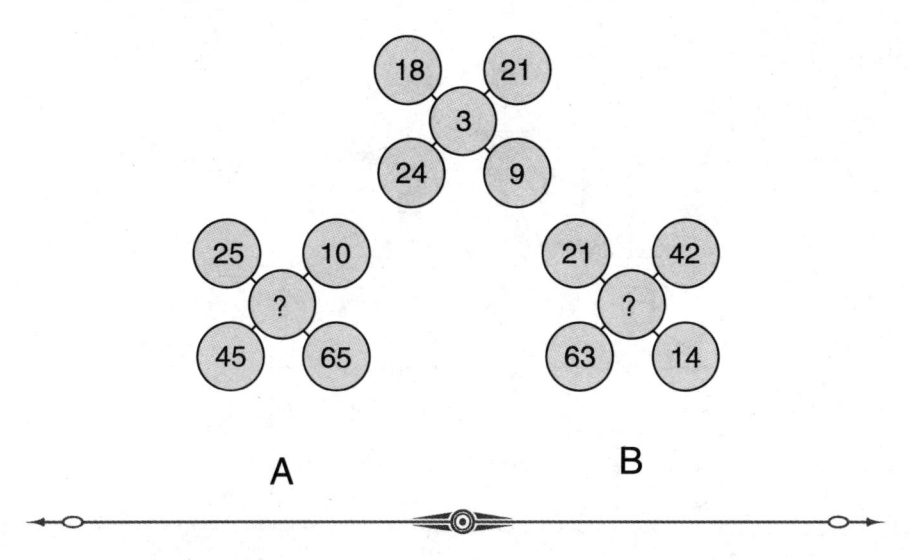

```
        18  21
          3
        24   9

  25  10           21  42
    ?               ?
  45  65           63  14

    A                B
```

20 数字金字塔

问号处应为什么数字?

```
        66
      28   ?
    10  15  17
   4  3   9   5
```

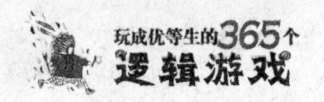

21 数字金字塔之巅

问号处应为什么数字？

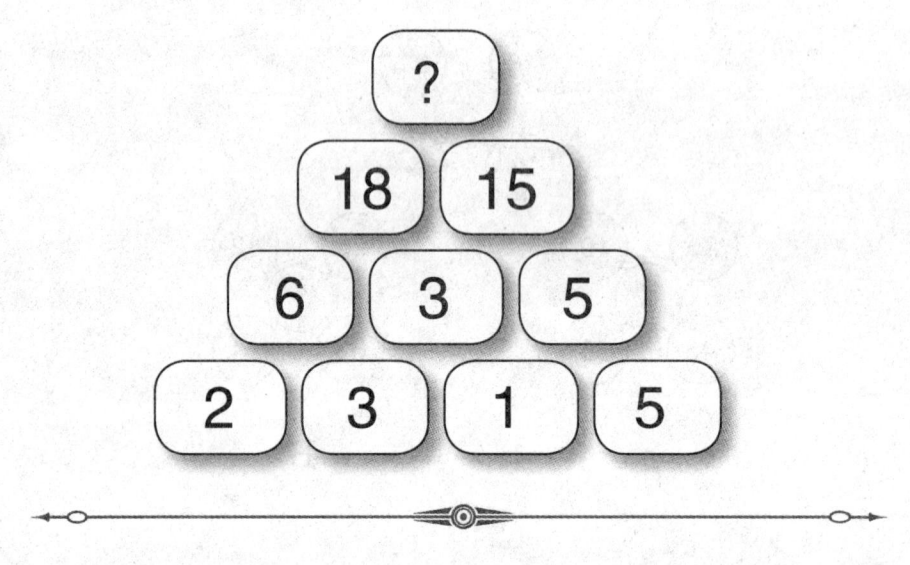

```
        ?
     18   15
    6   3   5
   2   3   1   5
```

22 数字向心力

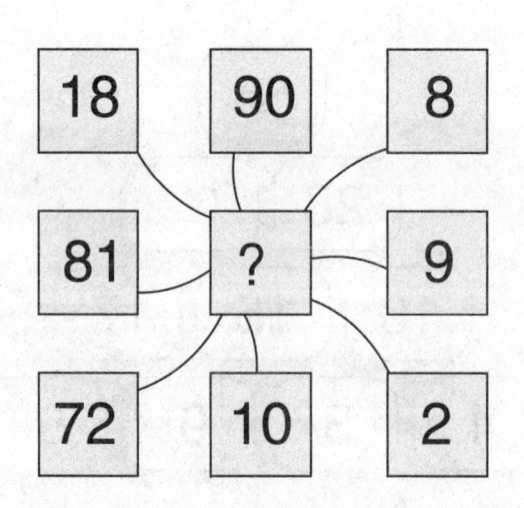

问号处应为什么数字？

```
 18    90    8

 81    ?     9

 72    10    2
```

23 数字密码集

问号处应为什么数字?

A

7	6	3	4	8	1
9	2	5	4	8	?
2	4	4	4	2	4

B

5	3	2	6	5	3
5	2	3	4	0	7
2	4	?	2	4	2

C

6	3	9	8	8	7
9	3	?	7	2	8
4	10	5	4	6	4

D

1	7	2	8	9	3
7	5	4	8	3	5
6	4	8	3	?	6

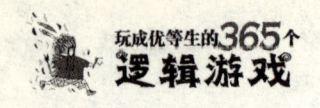

24 数字曲径

问号处应为什么数字？

```
111  254  501  345  336  176
     223       434       531
253  103       102       ?
     156  101
412  189       410
     366  119       237
223  206       ?
```

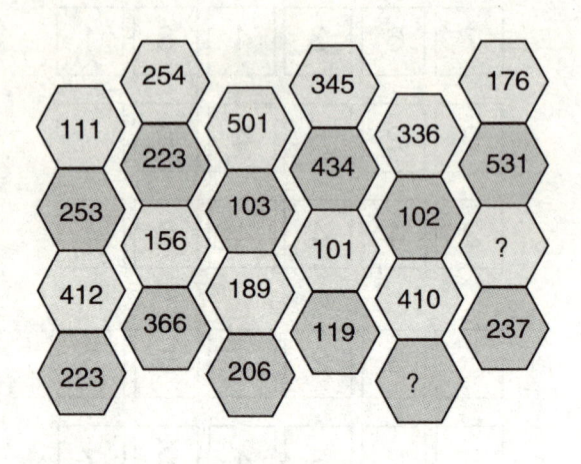

25 数码大厦一角

问号处应为什么数字？

4	8	2	6
9	6	5	3
16	18	17	2
10	15	5	5
9	12	7	?

26 数字七角星

你能将数字1—14填到下图的七角星圆圈中,使得每条直线上数字之和为30吗?

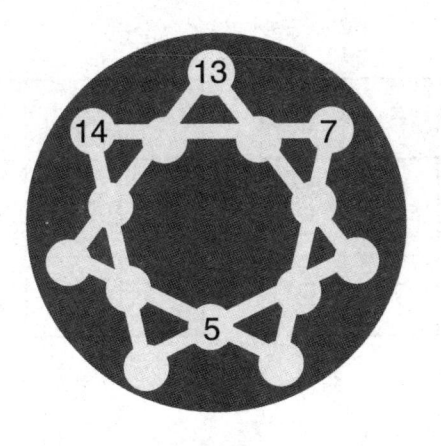

27 数字八卦阵

这张图中的数字之间有一种神秘的内在规律,你能看出来吗?而问号处该填什么数字呢?

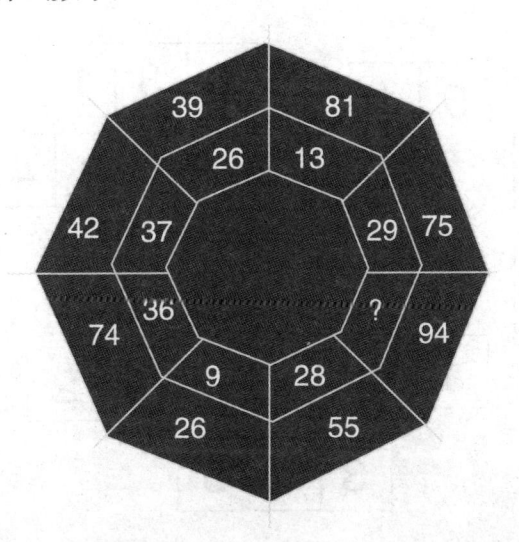

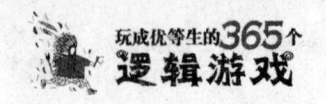

28 移动的数字

第一个盒子里的数字顺时针旋转后，所处的位置如第二个盒子所示。那些缺少的数字应该在什么位置？

3	5	8
1		6
17	7	9

	1	
5		8
	7	

---

29 骨牌的困惑

将下面的数字骨牌拼成一个正方形，使得正方形中相对应的横向和竖向数字排列完全相同。最后拼成的正方形是什么样的？

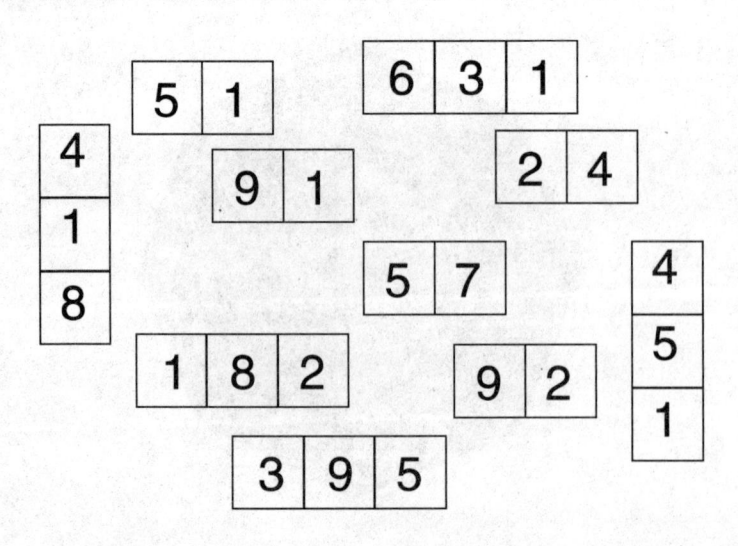

骨牌：
- 5 1
- 6 3 1
- 4 / 1 / 8
- 9 1
- 2 4
- 5 7
- 4 / 5 / 1
- 1 8 2
- 9 2
- 3 9 5

30 填字游戏

在图格中填入数字，使之在横竖方向的计算表达式都是正确的。

31 填充方格

每个空白方格中都包含1到9中不同的一个数字。每个算式是按照从上到下、从左到右的顺序计算的，而不是按照先乘除后加减的运算规则。你能把空白的方格填完整吗？

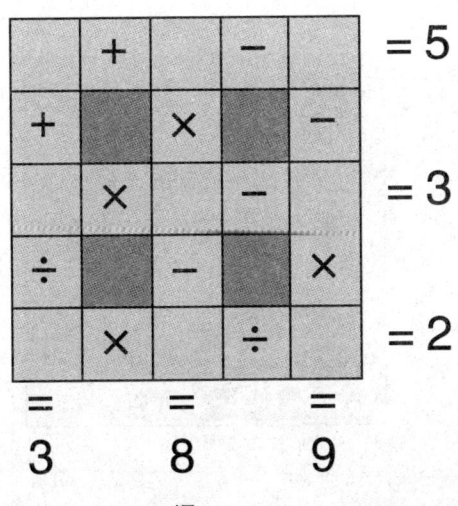

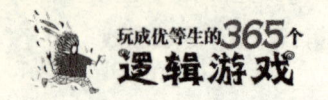

32 数字地基

你找出所给出数字之间的关系,将问号处的数字补充完整。

8	6	5	3	6
5	1	5	2	4
3	5	0	1	2
1	6	5	1	2
?	?	?	?	?

33 魔术方阵

图中的9个数字各不相同,纵、横、斜向相加的和均为15,如7+5+3,6+1+8,6+5+4等。现在要做一个和数为16的方阵,要求方阵中的9个数字也要完全不相同。请你画出这个方阵。

6	7	2
1	5	9
8	3	4

34 填空格

小小格子16个，一格算术符号一格数。请你填上1至8的数字，使得横竖等式都成立。

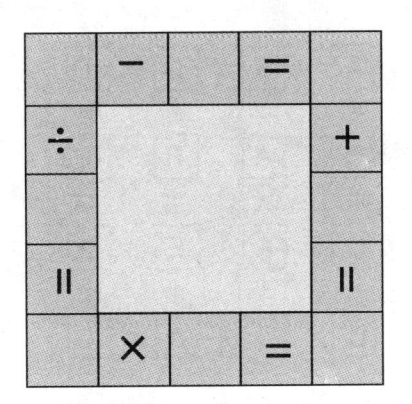

---

35 符号代数

图中有9个符号，分别代表自然数1至9。其中的"*"号代表运算符号"+"、"-"、"×"、"÷"。

你能根据这些条件确定图中每个符号所代表的数字吗？

36 纵横等式

请从数字 1 至 6 中选择 5 个数字，分别填入空格里。要求相同字母格子中必须填写相同的数字，并且使各个等式的运算结果都成立。

A	+	B	=	C	×	D
×		=		+		+
D		A		B		E
=		×		=		=
C		A		E		A
−		−		+		+
B	×	D	+	A	=	C

---

37 符号代数

请你用数字代替图中的符号，使得等式成立。

38 水果算术题

在这道加法题中,每一种水果都代表一个数字。每种水果代表什么数字呢?

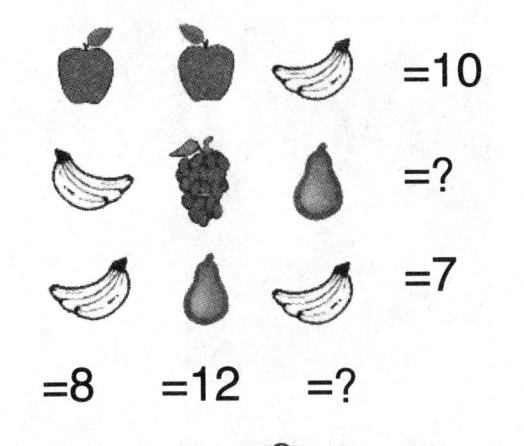

苹果 + 苹果 + 香蕉 = 10

香蕉 + 葡萄 + 梨 = ?

香蕉 + 梨 + 香蕉 = 7

= 8   = 12   = ?

---

39 问号处代表的符号

每个符号都代表一个数值,你能判断出问号处放什么符号吗?

♥	♠	♣	♣	28
♥	♦	♦	♦	26
♥	♠	♠	♣	21
♥	♣	♣	?	32
44	15	22	26	

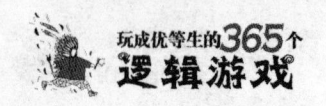

40 方格填数的技巧

题目给出了几个数字：三个2，三个3以及三个4。把它们分别填在下图的九个正方形中，使每一行、每一列的各数和相等。

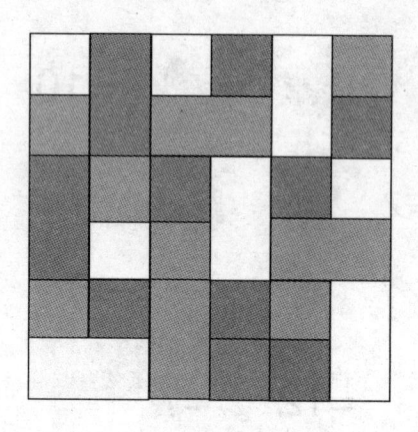

41 数字排列规律

以下的数字，排列规律是什么？

1378

246

59

0

42 完成谜题

按照规律，哪个数字填在问号处能完成谜题？这可与罗马数字有关哦！

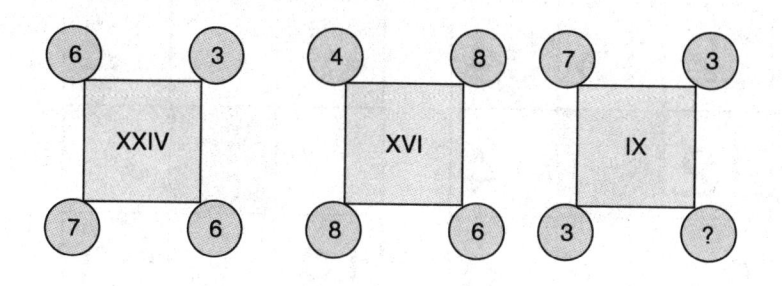

---

43 数字格子

运用第一个格子的逻辑规律，把第二个格子填充完整。

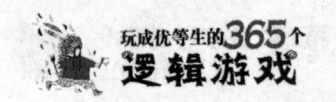

44 运动中的数字

第一个格子里的数字顺时针旋转后,数字的位置如第二个格子所示。那些缺少的数字应该在什么位置?

22	15	34
12		14
23	21	19

14		12
19		23

---

45 图形变换

格子A和B中图形所代表的值已经给出,格子C中的图形所代表的值是多少?

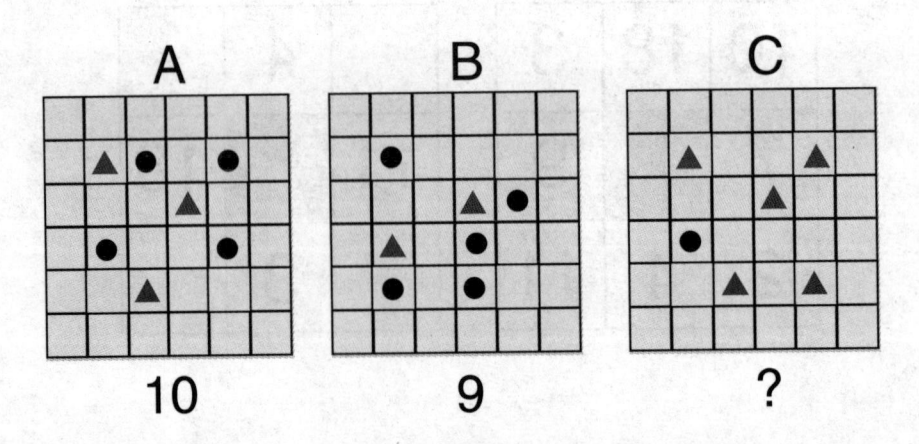

A — 10

B — 9

C — ?

46 数字幻方

一个写有数字的正方形如下图所示。请你沿图上的直线裁开，分成四块，然后重新加以拼合，再一次得到正确的幻方，使其每行、每列及两条对角线上的和数都等于34。

1	15	5	12
8	10	4	9
11	6	16	2
14	3	13	7

47 四阶魔方

将从1到16的数字填入下图中的16个方格内，使得每一行、每一列以及两条对角线上的和相等，且和为34。

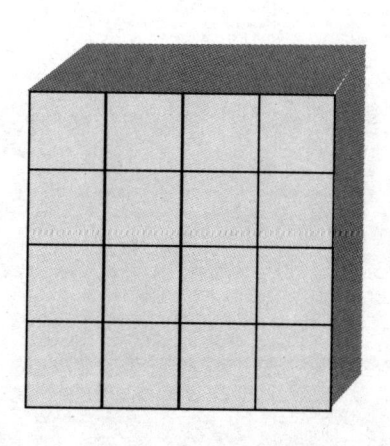

第2章 文字逻辑游戏

　　文字逻辑游戏，我国自古有之，主要载体是诗词和灯谜。西方也有这样一句话："没有逻辑的语言文字源自没有逻辑的生活。"不仅我们在使用语言文字的时候需要逻辑，在生活中也需要逻辑；生活中的逻辑，是文字逻辑的基础。生活中处处需要逻辑，而时时刻刻都接触的语言文字既是逻辑训练中俯拾皆是的材料，也是绝佳的素材。

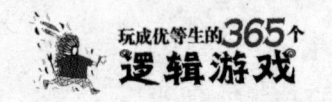

48 宝塔诗如何读

开
山满
桃山杏
山好景山
来山客看山
里山僧山客山
山中山路转山崖

49 数字会意诗

从前龙虎山有位道士云游四方走南闯北，在一座寺院留下一首诗，形式独特，共十三层，每层字数不等，利用字形表示意义，设想奇特，名为"会意诗"，你能将它读出来吗？

龙
虎 虎
山山山
清清清
水 水 水 水
会
仙仙仙仙 仙仙仙仙
湖湖湖湖湖
海海 海海
为朋友
走走走走走走走走走
江 河
川 川 川 川

50 花心诗

"花心诗"是我国古代广为流传的一种趣味古诗。本诗先将"出、觅、要、拿"拆开，再与花字串读。你能将它读出来吗？

出　　觅
来　花　要
戴　　拿
　　当

51 矩式回文诗

"矩式回文诗"是我国古代广为流传的一种趣味古诗。分别以四角的字为首句首字，又以上句的尾字为下句的首字连环，顺读、回读，成五言绝句八首。你能将它读出来吗？

翠 烟 湖 上 亭
苔　　　　幽
绣　　　　在
石　　　　隐
汀 鸥 自 解 意

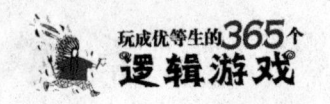

52 单字双叠诗

仲春一日，翰林学士苏轼收到诗友佛印禅师的长歌一首，全篇单字双叠，共百余对，写得十分怪异：

"野野鸟鸟啼啼时时有有思思春春气气桃桃花花发发满满枝枝莺莺雀雀相相呼呼唤唤岩岩畔畔花花红红似似锦锦屏屏堪堪看看……"

苏学士反复吟诵，苦心推敲，难解其意，弄得食不甘味，夜不能寐，像生了大病。苏小妹知道后，匆匆来到哥哥书房探访，听罢原由后，取过佛印禅师的诗笺细细琢磨。良久，忽然笑着说："贤兄无须犯难，此歌好解！"说完拿起诗笺，念了起来，破了此谜。东坡一听，恍然大悟，连声称妙。你能猜出苏小妹是如何解的诗吗？

---

53 敦煌十字图诗

"十字图诗"是指诗的排列为"十"字形的诗，读法颇多，但一般居于"十"字中心的那个字在每一句中都会被用到。从诗的内容和形式来看，这种"十字图诗"大约曾流传于中国西北地区的知识分子中，以此消遣或斗智。

"十字图诗"属于图像诗，也属于回环顶针，其中有的也属于回文诗，甚至有的是反复诗。此诗出自敦煌遗书，为唐人所作。你能将它读出来吗？

```
            天
            阴
            逢
            白
 日 照 仁 卿 霜 开 僻 文 王
            寒
            路
            结
            为
```

54 拆字连环贯通回文诗

北宋诗人宋庠写过一首名叫《寄范希文》的拆字连环贯通回文诗：

这首由20字组成的诗环，是为好友希文（范仲淹）而作。该诗之妙，妙在能读出两首五绝与两首七绝，描绘出旷野的秋色。你能把这四首诗读出来吗？

---

55 七言四句加五言四句十字图诗

清代学者赵文川写过一首名叫《状元卷》的七言四句加五言四句十字图诗：

```
              才
            子   元
          讀   秀   狀
        書   成   做
      來 路 有 君 通 達 我
        到   教   選
          百   學   如
            花   學
              開
```

先按十字形读成一首七言绝句，再读外圈，运用顶针，可读成一首五言绝句。你能将这两首诗读出来吗？

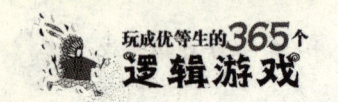

56 飞雁体诗

飞雁体诗从形式上看是一种宝塔诗，呈对顶塔形，但与宝塔诗在读法上不同。它有两种摆法，因此有两种读法。旧时一般读法是从左上一字开始往右下斜读，然后依此类推，左右开弓斜着读，两两交叉，呈人字行，犹如雁阵，所以叫飞雁体。现在有的人按现在的习惯改排为从右上一字开始往左下斜读。清代康熙年间流传一首飞雁文，是咏山诗，你能将它读出来吗？

```
         山山
        山遠花山
       山路草雲接山
      山又猿飛绿鳥樹山
     深客片抱偷澄僧林
      片繞僧樹請澄
        飯山山吟
          客尋
```

57 三角形诗

三角形诗是我国古代广为流传的一种图形诗，顶头"月"字为诗题，中间竖行七个月为邻字偏旁。从第二行"湖上"开始向下左绕右旋至"游"字，读成一首七言律诗。你能将它读出来吗？

```
              月
            沽月上
          魄兔月童瞳
        幽光日月忽散一
       銀垂巳向月朧朕秋天
      釣圓綻今其月漾玉球馥郁
    收中鏡色山朧月蒙落外雲芬桂
  憑欄深夜看逾良月何處笙簫作勝游
```

58 桃花源诗碑

"桃花源诗碑"记载了我国古代广为流传的一首趣味古诗。从"牛"字开始，自内而外按顺时针旋读，下句首字为上句尾字拆读，连环至"棋"字，可成一首七言律诗。你能将它读出来吗？

```
機 時 得 到 桃 園 洞
忘 鍾 鼓 響 停 始 彼
盡 聞 會 佳 期 覺 仙
作 惟 女 牛 下 星 人
而 靜 織 郎 彈 門 下
機 詩 賦 又 琴 移 象
觀 道 歸 冠 黃 少 棋
```

59 翠蕉诗

这幅图含《春》、《夏》、《秋》、《冬》七言绝句四首。读《春》，从"春"字读起，第二字从"雨"字读起，第三句从"晴"字读起，第四句从"来"字读起，读到"来访友家花径斜"为止。《夏》、《秋》、《冬》三首的读法，与咏《春》诗相同。你能将这四首诗读出来吗？

```
冬  秋  夏  春
阁阁 月月 沼沼 雨雨雨
寒寒寒 横横横 风风风 晴晴晴
呼呼呼呼 空空空空 荷荷荷荷 来来来来
客客客客 奏奏奏奏 翠翠翠翠 访访访访
赏赏赏赏 笛笛笛笛 叶叶叶叶 友友友友
梅梅梅梅 声声声声 长长长长 家家家家
开开 清清清 香香香 花花花
雪雪 怨怨 满满 径径
醅   生   塘   斜
```

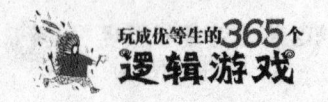

60 火环诗

《幽斋夏日》是我国古代广为流传的一首"火环诗"：

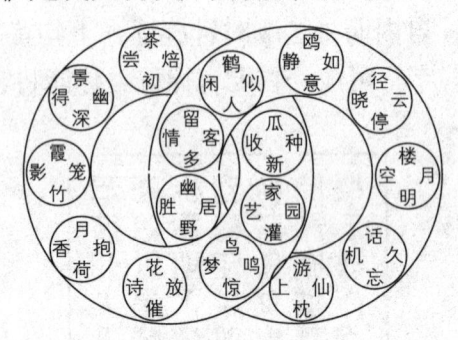

此图包括左右两环，各藏七律诗一首。每句的末尾三个字，均为句首前三字的倒序。上环一首从"幽居"读起，下环一首从"瓜种"读起，向顺时针方向读诵。你能将这两首诗读出来吗？

---

61 酒壶诗

这首"酒壶诗"，是从1902年史密斯在上海编印的《中国的谚语和常用俚语》一书中选来的。它虽近乎文字游戏，却奇巧有趣。这酒壶的壶口部分是四个五字句，头三句的第一个字，采用了字谜和谐音的手法，但第四句又揭了底，把"端"字亮出来，写出来就是……

这酒壶的嘴、把、颈、肚、底等部分，是十二个七字句，诗句的排列同壶口部分的五字句一样，是按图形的对称规律进行。

诗句的先后次序打乱了，不容易找到开头，必须细心揣摩，仔细推敲，方可见端倪。你能把这两首诗写出来吗？

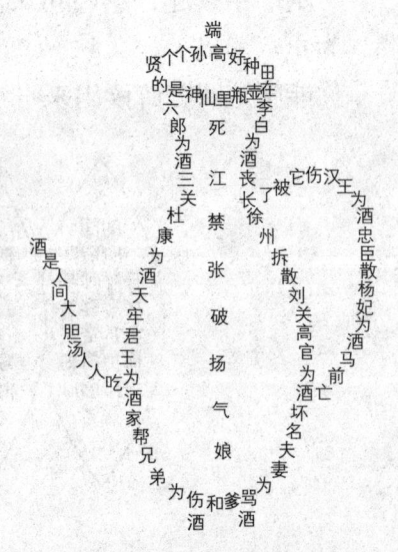

62 梅花形诗

"梅花形诗"是我国古代广为流传的一种图形诗，诗中某些字要重复读，形成连珠，要一个圈字挨一个圈字读，读成蝉联式连环七绝三首。你能把这三首诗读出来吗？

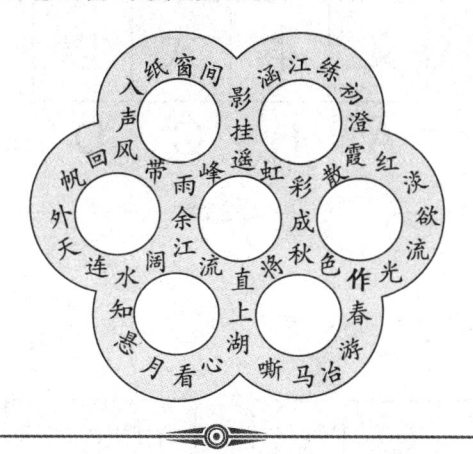

63 汉字接龙（1）

| 二 | 小 | 无 | 外 | ？ | 阳 | 春 | 白 | 雪 |

　　　　　　　　A　B　C　D

64 汉字接龙（2）

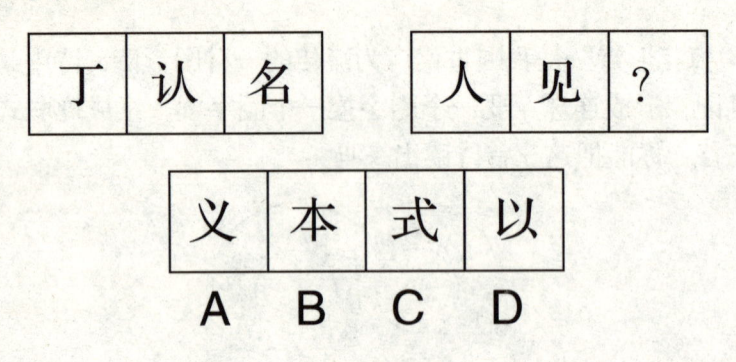

| 丁 | 认 | 名 | | 人 | 见 | ? |

| 义 | 本 | 式 | 以 |
| A | B | C | D |

---

65 汉字接龙（3）

| 口 | 旧 | 首 | | 吕 | ? | 佃 |

| 堂 | 凸 | 四 | 澡 |
| A | B | C | D |

---

66 汉字接龙（4）

开	面	出
青	勺	什
小	对	?

| 无 | 忠 | 走 | 三 |
| A | B | C | D |

67 汉字接龙（5）

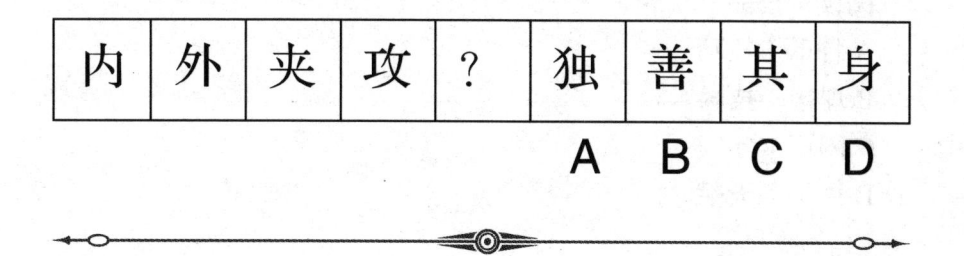

| 内 | 外 | 夹 | 攻 | ? | 独 | 善 | 其 | 身 |

　　　　　　　　A　B　C　D

68 汉字接龙（6）

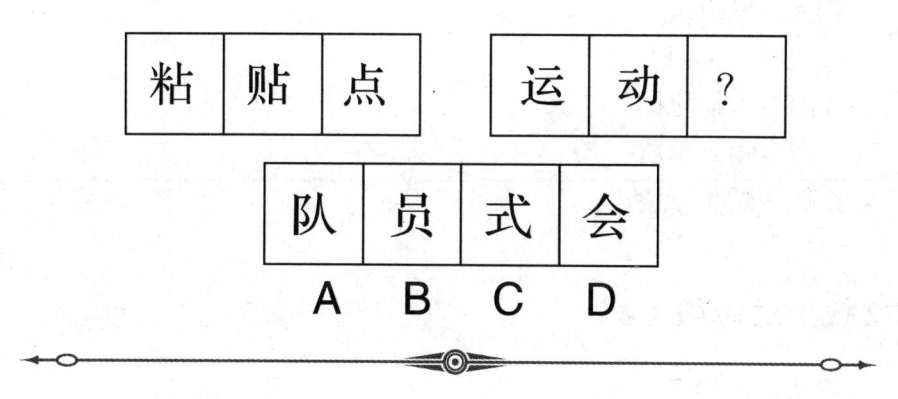

| 粘 | 贴 | 点 |　| 运 | 动 | ? |

| 队 | 员 | 式 | 会 |

　A　B　C　D

69 找出对应项（1）

期刊：杂志

A. 水果：柠檬

B. 酱油：食品

C. 油墨：印刷

D. 皮肤：搔痒

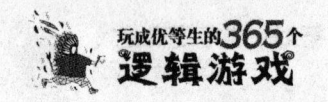

70 找出对应项（2）

阅读：技能
A.种瓜：技巧
B.焊接：技术
C.浏览：才华
D.做诗：天赋

71 找出对应项（3）

阳光：紫外线
A.电脑：辐射
B.海水：氯化钠
C.混合物：单质
D.微波炉：微波

72 找出对应项（4）

股票：证券
A. 电脑病毒：程序
B. 粮食：谷物
C. 操作系统：电脑
D. 军人：警察

73 找出对应项（5）

百合：鲜花：花店
A.鲫鱼：动物：菜场
B.木材：树木：森林

C.沙发：家具：客厅
D.衬衣：衣服：商场

74 找出对应项（6）

打折：促销：竞争
A.奖金：奖励：激励
B.日食：天体：宇宙
C.娱乐：游戏：健康
D.京剧：艺术：美感

75 汉字的美

汉字除了讲究自身架构的完美外，还在乎通篇谋划的美，弄两个不三不四的洋字夹在其中，实在大煞风景，真像在吃米饭时，嚼着一粒石子似的，是一件很不舒服的事情。

下列理解不妥当的一项是：
A.汉字是很美的文字
B.汉字中夹杂洋字大煞风景
C.吃米饭时嚼着石子很不舒服
D.洋字其实就是一些小石子

76 鲛人的传说

中国很早就有鲛人的传说。魏晋时代，有关鲛人的记述渐多渐细，在曹植、左思、张华的诗文中都提到过鲛人。传说中的鲛人过着神秘的生活。干宝《搜神记》载："南海之外，有鲛人，水居，如鱼，不废织绩。其眼，泣，则能出珠。"虽然不断有学者做出鲛人为海洋动物或人鱼之类的考证，我个人还是认为他们是在海洋中

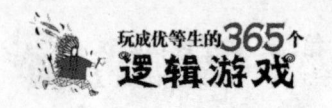

生活的人类，其生活习性对大陆人而言很陌生，为他们增添了神秘色彩。

作者接下来最有可能主要介绍的是：
A. 关于鲛人的考证
B. 鲛人的神秘传说
C. 有关鲛人的诗文
D. 鲛人的真正居处

77 孔子的生死观

孔子尝曰："未知生，焉知死？"生与死自孔子时起便是中国人始终关注的问题，并得到各种回答，尤其在汉代，人们以空前的热情讨论这两个问题，不仅是出于学者的学术兴趣，亦出于普通民众生存的需要。然而，正如孔子所说，在中国思想史上，对生的问题的关注似乎远胜于对死的问题的追问。有时候人们确实觉得后者更重要，但这并非由于死本身，而是因为人们最终分析认为，死是生的延续。

这段文字的核心观点是：
A. 孔子关于生死的看法对中国人产生深远影响
B. 生与死是中国思想史上长期受到关注的问题
C. 中国人对生与死的问题的讨论实际以生为旨归
D. 对生死问题的不同答案源自讨论者的不同观念

78 青藏高原的原始生态环境

青藏高原的原始生态环境在全球占有特殊的地位，但生态环境十分脆弱，一旦遭到破坏则不可逆转，有的植物被恢复需要上百年的时间。高寒、干旱、原始和极其脆弱是这一区域生态环境的显著特征。以下选项中符合原文意思的是：

A. 青藏高原的植物十分脆弱，遭到破坏则不可逆转

B. 高寒、干旱使得青藏高原的生态环境十分脆弱

C. 青藏高原的生态环境是最古老、最原始的

D. 青藏高原的生态环境虽然原始，但抗破坏能力很弱

79 幽默

幽默使人如沐春风，也能解除尴尬。一个懂得幽默的人，会知道如何化解眼前的障碍。我们有时无意中让紧张代替了轻松，让严肃代替了平易，一不小心就变成了无趣的人。

对这段话，理解不准确的是：

A. 紧张的生活需要幽默调剂

B. 许多人在生活中不擅长使用幽默

C. 生活中，幽默可以化解许多难堪

D. 有情趣的生活，是因为有了幽默

80 人生目标

有一年，哈佛大学毕业生临出校门前，校方对他们做了一个有关人生目标的调查，结果是27%的人完全没有目标，60%的人目标模糊，10%的人有近期目标，只有3%的人有长远而明确的目标。

25年过去了，那3%的人不懈地朝着一个目标坚韧努力，成为社会的精英，而其余的人，成就要差很多。这说明：

请问下面接上哪一句话最合适？

A. 应该尽快、尽早地确定自己的人生目标

B. 生没有任何意义，但我们应该给它加一个意义

C. 是否有长远而明确的人生目标，对人生成就的大小有非常重要的影响

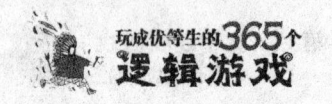

D. 如果有长远而明确的人生目标，就会获得人生的成功

81 定格行为

发泄指通过激烈的情绪表达而使情绪稳定的一种方法。根据上述定义，下列不属于发泄的行为是：

A. 甲得知自己彩票中奖后，一路高歌、手舞足蹈
B. 小兰受到家长的批评后，将布艺小狗的耳朵扯下
C. 甲在就餐时与餐馆发生争执，肢体冲突中高喊"打人了！救命！"
D. 小丁高考落榜后，蒙头大睡三日，不吃不喝

82 强迫症

强迫症是以强迫观念和强迫动作为主要表现的一种神经症。以有意识的自我强迫与有意识的自我反强迫同时存在为特征，患者明知强迫症状的持续存在毫无意义且不合理，却不能克制地反复出现，愈是企图努力抵制，反愈感到紧张和痛苦。

根据以上定义，下列不属于强迫症的是：

A. 孙某想到"幸福"立即出现"苦难"，说到"好人"就会想到"坏蛋"，他思考问题或说话时总会去想到词的反面，且经常会因为两种对立的词句反复在脑中相继出现而感到苦恼和紧张
B. 张某驾车在路口转弯时不小心撞伤了一个路人，此后张某驾车路过这个路口总是仔细观察路况，小心行车
C. 李某出门后总是疑虑门窗是否确定已经锁好，经常反复数次回去检查，否则会感焦虑不安
D. 赵某每次路过银行，总会产生冲进银行进行抢劫的想法，因此赵某见到银行总要绕道而行

83 鲁迅的著作

鲁迅的著作不是一天能读完的，《狂人日记》是鲁迅的著作，因此，《狂人日记》不是一天能读完的。

下列哪项最为恰当地指出了上述推理的逻辑错误？
A. 偷换概念
B. 自相矛盾
C. 以偏概全
D. 倒置因果
E. 循环论证

84 汽车油耗

专家认为，如果汽车技术行业经过长年的研发能降低3％的油耗，就可以算是非常显著的研究成果了。但即使是能降低3％的油耗，对实际生活中的消费者来说也不太明显。而且汽车生产厂家在不影响加速动力性的情况下，已经在尽量省油，目前生产的汽车在节油和动力方面的效果已经达到了最佳配置比。

根据这段话，以下说法正确的是：
A. 汽车消费者对能否节约3％的汽油不在乎
B. 目前生产的汽车已经达到了最佳的制动效果
C. 无论汽车技术怎么发展，节油效果都不会很显著
D. 在节油和动力的最佳配置比方面再寻求突破难度很大

85 三段论

三段论是由两个含有一个共同项的性质判断作前提得出一个新的性质判断为结论的演绎推理。演绎推理是由普通性的前提推出特殊性结论的推理。

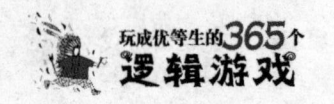

根据以上定义，下列属于三段论的是：
A. 所有的金属都不溶于水，铬是金属，所以铬不溶于水
B. 所有的麻雀都有羽毛，所有的鸽子都有羽毛，所以所有的鸟都有羽毛
C. 甲不是罪犯，乙不是罪犯，所以甲乙都不是罪犯
D. 周恩来是伟大的政治家，周恩来是伟大的军事家，所以周恩来是伟大的政治家和军事家

86 留大胡子的人

有些导演留大胡子，因此，有些留大胡子的人是大嗓门。
为使上述推理成立，必须补充以下哪项作为前提？
A. 有些导演是大嗓门
B. 所有大嗓门的人都是导演
C. 所有导演都是大嗓门
D. 些大嗓门的不是导演
E. 有些导演不是大嗓门

87 烦心的问题

一个月了，这个问题时时刻刻缠绕着我，而在工作非常繁忙或心情非常好的时候，便暂时抛开了这个问题，顾不上去想它了。
以上的陈述犯了下列哪项逻辑错误？
A. 论据不足
B. 循环论证
C. 偷换概念
D. 转移论题
E. 自相矛盾

88 空间探索

空间探索自开始以来一直受到指责，但我们已经成功地通过卫星进行远程通信、预报天气、开采石油。空间探索项目还会有助于我们发现新能源和新化学元素，而那些化学元素也许会帮助我们治愈现在的不治之症。

这段文字主要告诉我们，空间探索：
A. 利弊并存
B. 可治绝症
C. 很有争议
D. 意义重大

89 广告

在今天的商业世界中，供过于求是普遍现象。为了说服顾客购买自己的产品，大规模竞争就在同类商品的生产企业之间展开了，他们得经常设法向消费者提醒自己产品的名字和优等的质量，这就需要靠广告。

对这段文字概括最恰当的是：
A. 广告是商业世界的必然产物
B. 各商家之间用广告开展竞争
C. 广告就是要说服顾客买东西
D. 广告是经济活动中供过于求的产物

90 文化和语言

法国语言学家梅耶说："有什么样的文化，就有什么样的语言。"所以，语言的工具性本身就有文化性。如果只重视听、说、读、写的训练或语言、词汇和语法规则的传授，以为这样就能理解

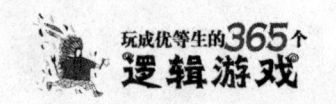

英语和用英语进行交际，往往会因为不了解语言的文化背景，而频频出现语词歧义、语用失误等令人尴尬的现象。

这段文字主要说明：
A. 语言兼具工具性和文化性
B. 语言教学中文化教学的特点
C. 语言教学中文化教学应受到重视
D. 交际中出现各种语用错误的原因

91 黑马

"黑马"一词其实是从英语舶来的，原指体育界一鸣惊人的后起之秀，后指实力难测的竞争者或在某一领域独树一帜的人，无贬义或政治含义。首先在英文中使用"黑马"的人，是英国前首相狄斯累利，他在一本小说中这样描写赛马的场面："两匹公认拔尖的赛马竟然落后了，一匹'黑马'，以压倒性优势飞奔。看台上的观众惊呼：'黑马!黑马!'"从此，"黑马"便成了一个有特殊意义的名词。

这段文字的主要意思是：
A. 论证"黑马"词义的起源
B. 阐释"黑马"一词的内涵
C. 分析"黑马"词义的演变
D. 介绍"黑马"的感情色彩

92 北冰洋海底

最近科学考察结果表明，北冰洋历史上曾经是一个很温暖的地方，物种非常丰富。此外，根据对海底沉积岩层的取样分析认为，北冰洋海底也许是一个巨大的石油储藏地。根据科学家的研究，围绕北冰洋周边，从美国阿拉斯加州的北端到欧洲北部的大陆架，都可能有丰富的石油储藏。

对这段话，理解不准确的是：
A.北冰洋是否有石油储藏目前还没有确定
B.科学家对北冰洋的历史状况进行了深入分析
C.研究表明，欧洲北部大陆架有丰富的石油储藏
D.北冰洋可能会成为其周边国家关注能源的一个热点地区

93 中国的沙漠

中国的沙漠的确为世界上的科学家提供了与火星环境最为相似的实验室。科学家们已经去过了地球上最为寒冷的南极洲，也去过了地球上最为干燥的智利阿塔卡马沙漠，但他们真正需要的是将这两者结合起来的极端环境。

这段文字的主要意思是：
A. 中国沙漠为外星研究提供理想场所
B. 中国沙漠比南极洲更适合进行生物研究
C. 科学家为何选择中国沙漠作为研究对象
D. 具有最极端的环境是中国沙漠的主要特点

94 火山

在人类历史以前爆发过，迄今为止没有爆发过火山叫死火山；在人类历史中爆发过，以后长期处于平静，但仍可能爆发的火山叫休眠火山；经常的或周期性喷火的火山叫活火山。

这段话的意思主要可归纳为：
A.火山并非经常爆发
B.火山爆发给人类带来极大危害
C.介绍了世界上火山的三种类型
D.火山经常处于活跃状态

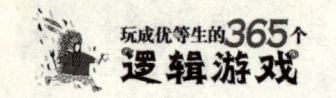

95 云南的生物多样性

云南地处世界两大生物多样性热点地区的交界处，高海拔的青藏高原在云南迅速过渡到低海拔的马来半岛。云南的大部分河流都是南北走向，热带动植物随着北上的湿热空气，一直深入到云南的大部分地区。因此，云南在4%的国土面积上拥有全国50%以上的植物种类、70%以上的动物种类和80%以上的植被类型。

这段文字意在强调：
A. 云南的地形与生物多样性的关系
B. 云南生物多样性的特点很突出
C. 云南具有特殊的自然地理条件
D. 云南的气候与生物多样性的联系

96 物质产品和技术发明

物质文化、技术文化的传播，其意义不仅仅局限于物质的和技术的领域，他们还可能影响人们的精神世界和生活方式，甚至产生意料之外的效果。因为这些物质产品和技术发明，还体现了创造者、发明者的精神理念、审美情趣和价值追求，体现了他们作为某一文化共同体成员所接受的文化传统的濡染和教育，而物质文化和技术文化的输出，间接地传达了这种特质产品所包含的精神内容和文化内涵，因而也就使其成为文化整体的代表而传播并发生影响。

这段文字的主旨是：
A. 物质产品的文化内涵来自于文化传统
B. 物质文化与技术文化也能影响人们的精神文化
C. 不同文化中共有的文化传统促进了物质文化的传播
D. 物质文化与技术文化是在不同文化的碰撞中发展

97 舆论环境

随着通讯技术的进步，当今社会，政府执政的舆论环境已发生了明显的变化，各种舆论可以借助网络、短信等现代传播工具，跨越时空迅速传递，使意见空间加大，意见力度增强，而决策透明度的增加和公民民主参与意识的增强，又加大了政府的舆论压力。在这样的背景下，政府对"舆情危机"的处理，需要改变以往的被动方式，针对新出现的情况，及时采取新的方式来应对。

对这段文字概括最准确的是：
A. 说明政府在新舆论环境下有必要转变应对方式
B. 对比不同时期政府舆论宣传的客观环境与方式
C. 剖析政府执政的舆论压力不断增大的外在原因
D. 分析通讯技术发展与舆论环境变化之间的关系

98 成功的行销运作

某公司的经验充分显示出，成功的行销运作除了有赖于专门的行销部门外，还需要有优异的产品、精密的市场调研，更少不了专业的业务部门、公关部门、擅长分析的财务部门以及物流后勤等部门的全力配合与支持。如果行销部门独强而其他部门弱，或是行销部门与其他部门不和，或是公司各部门无法有效地整合，都会让行销运作无法顺利有效地进行，难以发挥应有的强大威力。

这段文字主要强调的是：
A. 该公司各个部门的有效整合是其成功的关键
B. 注重团队合作是该公司取得成功的宝贵经验
C. 成功的行销运作可以给企业带来巨大的经济效益
D. 行销部门只有与其他部门紧密配合才能更好地发挥作用

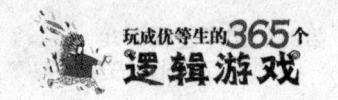

99 司机与交警的对话

司机：有经验的司机完全有能力并习惯以每小时 120 公里的速度在高速公路上安全行驶。因此，高速公路上的最高时速不应由 120 公里改为现在的 110 公里，因为这既会不必要地降低高速公路的使用效率，也会使一些有经验的司机违反交规。

交警：每个司机都可以在法律规定的速度内行驶，只要他愿意。因此，把对最高时速的修改说成是某些违规行为的原因，是不能成立的。

以下哪项最为准确地概括了上述司机和交警争论的焦点？

A. 上述对高速公路最高时速的修改是否必要

B. 有经验的司机是否有能力以每小时 120 公里的速度在高速公路上安全行驶

C. 上述对高速公路最高时速的修改是否一定会使一些有经验的司机违反交规

D. 上述对高速公路最高时速的修改实施后，有经验的司机是否会在合法的时速内行驶

E. 上述对高速公路最高时速的修改，是否会降低高速公路的使用效率

100 和谐与音乐

在古典传统里，和谐的反面是千篇一律："君子和而不同，小人同而不和"，所以和谐的一个条件是对于多样性的认同。中国人甚至在孔子之前就有了对于和谐的经典认识与体现。中国古代的音乐艺术很发达，特别是一些中国乐器，像钟、磬、瑟等各种完全不同的乐器按照一定的韵律奏出动听的音乐，但如果只有一种乐器就会非常单调。

对这段文字概括最准确的是：

A. 和谐源于中国古典音乐
B. 差异是和谐的必要条件
C. 中国人很早就产生了和谐观念
D. 音乐是对和谐的经典认识和体现

101 结构性失业

结构性失业指由于经济结构、体制、增长方式等的变动，使劳动力在包括技能、经验、工种、知识、年龄、性别、主观意愿、地区等方面的供给结构与需求结构不相一致而导致的失业。

根据上述定义，下列不属于结构性失业情况的是：

A. 某电子工艺厂的产品因长期滞销而被迫转产，职工小张因没有合适的岗位而另谋生路
B. 农民小王乘农闲之机进城务工，但一时还找不到工作
C. 小赵去年大学毕业，一心想留在大城市工作，但高不成低不就，无奈之下又继续学习准备报考硕士研究生
D. 小李在某公司工作了两年，感觉没有继续发展的空间，今年辞去了工作，打算另谋高就

102 中国古代历法

中国古人将阴历月的大月定为30天，小月定为29天，一年有12个月，即354天，比阳历年少了11天多。怎么办呢？在19个阴历年里加7个闰月，就和19个阳历年的长度几乎相等。这个周期的发明巧妙地解决了阴阳历调和的难题，比希腊人梅冬的发明早了160年。

这段文字主要阐明的是：

A. 古代阴历中闰月设置的规律与作用
B. 中国古代历法在当时具有先进水平
C. 阴阳历调和问题在古代是个世界性问题
D. 中国古代如何解决阴阳历差异问题

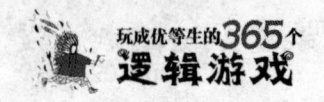

103 湿地

湿地指的是陆地和水体之间的过渡带，和森林、海洋一起并称地球三大生态体系，在维护生物多样性、调节气候，抵御洪水等方面起着重要作用。1998年那次长江大洪水让人们终于意识到湿地(尤其是和长江相通的许许多多湖泊和沼泽地)能够对洪水起到缓冲的作用。可是，许多湖泊因为围湖造田的需要而被人为隔离了，只留下一个很少开启的水闸和长江相通。于是，这些自然形成的水网被拦腰斩断，遇到洪水便无能为力了。

这段文字意在说明：

A. 围湖造田是一项弊大于利的错误举措 B. 占用湿地是造成长江洪水的重要因素

C. 人类应该反省自身行为对环境的破坏

D. 应该充分发挥湿地对洪水的缓冲作用

104 行为科学

行为科学研究显示，工作中的人际关系通常不那么复杂，也宽松些。可能是由于这种人际关系更有规律，更易于预料，因此也更容易协调。因为人们知道他们每天都要共同努力，相互协作，才能完成一定的工作。

这段文字主要是在强调：

A. 普通的人际关系缺乏规律

B. 工作人员之间的关系比较简单

C. 共同的目标使工作人员很团结

D. 维系良好的人际关系要靠共同努力

105 发明家

虽然世界因发明而辉煌，但发明家个体仍常常寂寞地在逆境中奋斗。市场只认同其有直接消费价值的产品，很少有人会为发明家的理想"埋单"。世界上有职业的教师和科学家，因为人们认识到教育和科学对人类的重要性，教师和科学家可以衣食无忧地培育学生，探究宇宙。然而，世界上没有"发明家"这种职业，也没有人付给发明家薪水。

这段文字主要想表达的是：
A. 世界的发展进步离不开发明
B. 发明家比科学家等处境艰难
C. 发明通常不具有直接消费价值
D. 社会应对发明家提供更多保障

106 潜在目标

在大型游乐公园里，现场表演是刻意用来引导人群流动的。午餐时间的表演是为了减轻公园餐馆的压力，傍晚时间的表演则有一个完全不同的目的：鼓励参观者留下来吃晚餐。表面上不同时间的表演有不同的目的，但这背后，却有一个统一的潜在目标，即：

以下哪一选项作为本段短文的结束语最为恰当？
A.尽可能地减少各游览点的排队人数
B.吸引更多的人来看现场表演，以增加利润
C.最大限度地避免由于游客出入公园而引起交通阻塞
D.在尽可能多的时间里最大限度地发挥餐馆的作用
E.尽可能地招徕顾客，希望他们再次来公园游览

107 中国消费信贷市场

中国消费信贷市场的现状，使得对中国银行业投入巨资的西方银行在信用卡业务上仍是投资，没有盈利。不过，外资银行对中国信用卡市场并没有失掉信心。虽然中国的消费者没有透支消费的习惯，而这个"硬币"的另一面是中国居民的个人负债率很低，中国内地的个人消费信用市场才刚刚开始发展，这对外资银行是极具吸引力的。

这段文字中的"硬币"指代的是：
A. 中国银行业
B. 中国消费信贷市场
C. 中国消费者的消费习惯
D. 中国居民的经济状况

108 玉米年产量

过去20年中，美国玉米年产量一直在全球产量的40%左右波动，2003—2004年度占到41.8%，玉米出口更曾占到世界粮食市场的75%。美国《新能源法案》对玉米乙醇提炼的大规模补贴，使得20%的玉米从传统的农业部门流入工业部门，粮食市场本来紧绷的神经拉得更紧。由于消费突涨，2006—2007年度全球玉米库存出现历史低位，比2005—2006年度剧减了2800万吨。难怪一年中全球粮油生产区的任何地方出现持续干旱或洪涝灾害，全球期货现货市场都会出现强烈反应。

这段文字意在表明：
A. 全球粮食市场正面临着库存紧张的严重危机
B. 美国在世界玉米市场中占有举足轻重的地位
C. 美国生物能源业的发展影响全球粮食供求关系
D. 对玉米乙醇提炼的补贴是一个不合时宜的举措

109 周庄旅游收入

周庄旅游收入已经连续多年超亿元大关。在苏南,与周庄媲美的文化古镇虽不在少数,但旅游收入却只能望周庄而兴叹。上世纪70年代陈逸飞画了这里的双桥,此画在美国展出时获奖并被石油大亨哈默斥巨资收藏。1979年邓小平访美时,哈默将此画赠给他,并说这是中国上海附近的一个小镇。如今,游览江南古镇,周庄已成为首选。

对这段文字理解最准确的是:
A.文化交流是国际交流的重要内容
B.文化是促进经济发展的重要力量
C.旅游是城镇经济快速发展的突破口
D.文化传播可以成为城镇发展的重要契机

110 "男女"和"阴阳"

"男女"和"阴阳"似乎指的是同一种区分标准,但实际上,"男人和女人"区分人的性别特征,"阴柔和阳刚"区分人的行为特征。按照"男女"的性别特征,正常人分为两个不重叠的部分;按照"阴阳"的行为特征,正常人分为两个重叠部分。

以下各项都符合题干的含义,除了:
A.人的性别特征不能决定人的行为特征
B.女人的行为,不一定是有阴柔的特征
C.男人的行为,不一定是有阳刚的特征
D.同一个人的行为,可以既有阴柔又有阳刚的特征
E.一个人的同一个行为,可以既有阴柔又有阳刚的特征

111 音乐欣赏

音乐欣赏并非仅仅作为音乐的接受环节而存在,它同时还以反馈的方式给音乐创作和表演以影响,它的审美判断和审美选择往往

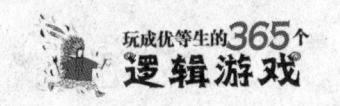

能左右作曲家和表演家的审美选择，每一个严肃的音乐家都不能不注意倾听音乐欣赏者的信息反馈，来调整和改进自己的艺术创造。

根据以上材料，可以推断：
A. 音乐欣赏就是音乐欣赏者理解创作者对音乐美感演绎的过程
B. 所有音乐家以及作曲家都注意音乐欣赏者们的反馈
C. 音乐欣赏者的审美观对于音乐家来说也很重要
D. 音乐创造实际上是集体劳动的过程，而不是某个人单独完成

112 商业设计

商业设计也许越来越被赋予艺术创作和欣赏的价值，但它根本的出发点和落脚点永远是把产品的特质用艺术的方式展现给顾客。如果一项商业设计不能让人联想到产品并对之产生好感，即使它再精美、再具创意，也不能算是成功的设计。说到底，广告在创意之外最重要的还是关联性，我们不想被一个美轮美奂的作品吸引，结果却看不出它与所代言的商品之间存在任何联系。

对这段文字概括最准确的是：
A. 独特的创意并非成就商业设计的绝对要素
B. 对于设计来说，吸引顾客应该是第一位的
C. 成功的设计必须能够艺术地展现产品特质
D. 商业设计应尽量强调广告与产品的关联性

113 非物质文化遗产

作为一个拥有五千年不间断文明史的古国，我国拥有十分丰富的非物质文化遗产。这些活态的文化不仅构成了中华民族深厚的文化底蕴，也承载着中华民族文化渊源的基因。但随着我国现代化建设的加速，文化标准化以及环境条件的变化，尚有不计其数的文化遗产正处于濒危状态，它们犹如一个个影子，随时都可能消亡。

对这段文字概括最准确的是：
A. 文化遗产保护工作要有新思路
B. 要重视现代化建设带来的新问题
C. 新形势下亟须加强文化遗产保护
D. 诸多因素威胁着文化遗产的生存状态

114 能源价格

能源价格高并非全是坏事，因为价格杠杆自会调节石油的流向，确保人类用剩下的石油找到更好的新能源，而不是全用到几十年前根本不存在的使夏天变凉爽的能源需求上。实际上，如果我们遵循价格杠杆，甚至无需教育消费者，人人都会做出理智的选择。那些价格杠杆不起作用的地方，多是机制本身有问题的地方，改进机制，才能使价格杠杆更有效。

这段文字的核心观点是：
A. 改革体制是充分发挥价格杠杆作用的前提
B. 能源的无谓浪费问题应该受到应有的重视
C. 提高能源价格有利于合理利用与节约能源
D. 要充分发挥价格杠杆调节能源流向的作用

115 炸弹按钮

警察局技术科的考官在起爆器上设了四个按钮，按钮旁分别放着小刀、小圆镜、梳子和雪花膏。然后请考生根据这四件东西的含意去选定按钮，一次起爆成功。有一个聪明的考生仔细观察了一番，起爆成功了，你能猜出他按的是哪个按钮吗？

116 木条的含义

在某住宅小区发生一起凶杀案。一位公司职员被杀死在家中。从

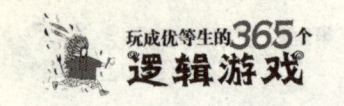

现场看，死者似乎正在摆弄根雕，从同事口中也得知死者喜欢根雕艺术。现场的一切痕迹都遭到故意破坏，看来凶手和死者很熟悉。

令警察很难理解的是死者两只手合握着一根长木条，并试图将两只手合拢在一起，似乎向警方暗示什么。警长闻讯赶来后，仔细观察一番后说："我知道死者手中木条的含义，我们应按照死者留下的线索去破案。"

果然他们很快抓到了凶手，那么死者手中的木条到底有什么含义？

117 凶手的名字

一名青年死在了一座26层高的大楼旁边，警方断定死者是从这座楼的楼顶上落下坠地而死。警方发现在这名死者的手心上用笔写着一个"森"字，像是在暗示着杀人凶手的名字，却因时间有限而只写了一个字。笔就落在他手边的地上，而且只有他的指纹。看来确是坠楼的同时掏出笔写在手心上的。警方根据看电梯的人员举报找到了案发当时也在楼顶上的5名疑犯，他们都与死者认识，但是他们谁都不承认自己是推死者坠楼的人。他们分别叫：张宇、刘森、赵方、张森、杨一舟。这时警方想起了死者手心上的那个字，认定了杀人凶手，你知道那个杀人凶手是谁吗？

118 问路

武装部张部长带着两名女民兵执行一项任务。走到一处十字山路口，由于地方生疏，加上不少松树挡住了视线，不知目的地该往哪个方向走。这时旁边有一位老大爷在砍柴，张部长就上前问："老大爷，您知道到××地该向哪个方向走吗？"老大爷说："要女的走开。"张部长于是叫那两个女民兵走远一点。等她俩走后，张部长又问："老大爷，她俩已经走开了，您就说吧！"老大爷还是说："要女的走开。"张部长说："我身边没有女的了，怎么还要女的走开呢？"老大爷不吭声，继续砍柴。张部长眉头一皱，恍然大悟，三个人继续朝大爷指引的方向走去。

他们是怎样走的？

119 毛拉解难题

机智人物毛拉的故事在伊朗广为流传。毛拉是一个水果商人，有一次，一个学者想考考毛拉的学识，他用拐杖在地上画了个圆圈，然后用眼睛死死地盯着毛拉。毛拉在圆圈中间画了一条线，把它分成相等的两部分。接着，学者又在地上画了个圆圈。毛拉立即在上面划分成四等份，并把其中的一份指向学者，另外三份指向自己。最后，学者做了个手背贴地、五指朝上的动作。毛拉则相反，他的动作是五指触地、手背朝上。学者看后，连连点头，表示赞同。

有人请学者把问题解释一下。学者说："我画圆圈表示地球，毛拉在中间画了条等分线，把地球分为南、北两个半球，说明他熟谙地理学；第二次他又把地球分为四等份，并告诉我其中三份是水，一份是陆地，这完全正确；最后我做出手势，问地球上的生物靠什么生长，毛拉用手势回答说靠的是雨水和阳光。他的丰富知识是无与伦比的。"

后来，有人请毛拉解释他回答的哑谜，没想到幽默的毛拉用他卖水果的"专业知识"解答了这个哑谜，大家都被毛拉逗乐了。你知道毛拉是怎么解释的吗？

120 奇诗

第二次世界大战时，在德国法西斯占领下，巴黎的《巴黎晚报》上，刊载了一首无名氏用德文写的诗，表面看来是献给元首希特勒的：

"让我们敬爱元首希特勒，永恒英吉利是不配生存。让我们诅咒那海外民族，世上的纳粹唯一将永生。我们要支持德国的元首，海上的儿郎将断送远征。唯我们应得公正的责罚，胜利的荣光唯军队有份。"

难道这位法国无名作者真的这么厚颜无耻吗？不，巴黎人懂得这诗怎么读，他们边读边发出会心的笑声。不久，纳粹下令搜捕这位勇敢机智的无名诗人。你知道这首诗该怎么读吗？

121 一封妙信

下面是两个朋友逗趣的信。这封信表面上是绝交信，可实际上却是一封情书。这信的原文是这样的：

"我对你表达过的热爱，
已经消逝。我对你的厌恶，
与日俱增。当我看到你时，
我甚至不喜欢你的那副样子。
我最想做的一件事就是
把目光移往别处，我永远不会
和你结婚。我们的最近一次谈话
枯燥乏味，因此无法
使我渴望再与你相见。
你心中只有你自己，
假如我们结婚，我深信我将
生活得非常艰难，我也无法
愉快地和你生活在一起，我要把我的心
奉献出来。但绝不是
奉献给你。没有人能比你更
苛求和自私，也没有人比你更不
关心我帮助我。
我诚挚地要你明白，

我讲的是真话，请你助我一臂之力，
结束我们之间的关系。别试图
答复此信。你的信充满着
使我兴味索然的事情，你不可能怀有
对我的真诚关心。再见，请相信，
我并不喜欢你，请不要以为
我仍然爱着你！"
这封信应该怎样读，才能把绝交信变成表示友好的信呢？

122 林肯的推理

此事发生在林肯担任律师的时候。一天，汉克农场的记账员在出纳室被谋杀了，他右手握着一支笔，倒在大门前的地上，大门上有MN两个字母，是记账员临死前用手中的笔写的。出纳室的地上散落着很多文具用品，仓库里边的钱也被抢光了，凶手大概是在记账员工作的时候进来的，记账员是在向门口逃去时，被杀手追上而杀死的。

门上的字一定是记账员被害前写下了凶手姓名的第一个字母。这字母透露出是黑人莫利斯·纽曼干的，他的姓名前两个字母是MN。纽曼太太见丈夫被捉，觉得很冤枉，因为凶案发生时，他们夫妻俩都在农场工作。她想到林肯是保护黑人的，就去找林肯律师代为辩护。林肯思考一番后，从农场的工人里找出一个名叫尼吉·瓦得逊的人。这个人平时爱赌博、爱喝酒，品行很不好。林肯对他说："是你杀死记账员的！""胡说，你有什么证据？"林肯说："记账员在门板上写了NM两个字母。""MN是那个黑人，我的名字是NW！"林肯笑着说："案发当时，你在哪里？"接着做了一番推理，让尼吉·瓦得逊无言以对，终于承认了自己是凶手。

你知道林肯是怎么推理的吗？

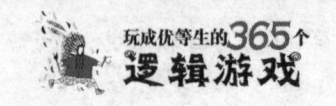

123 秘密通道

荷兰油画大师戈赫年轻时曾在荷兰哈谷市的美术公司工作。一天，经理让他送一幅画到一位绅士家里。这个绅士性情古怪，一直过着独身的生活。上个月，戈赫曾经把农民画家米勒的《播种的人》的复制品给他送去。

戈赫来到绅士家里，见大门开着，就径直走了进去。他听见从卧室里传来一阵阵痛苦的呻吟声，便冲了进去。只见一位警察被击倒在地，而那个绅士不知到哪里去了。"秘密的……从洞里……逃走……"地上的警察费力地用手指了指床底下。戈赫往床下看看，那里有个像盖板一样的东西，估计那绅士是从这里逃走的。"盖板的开关……米勒……"警察说着就咽气了。戈赫钻到床下，想把盖板揭开，可是盖板却纹丝不动。

警察不是说起米勒吗？这大概指的是米勒的那幅画，这正是上个月他送来的《播种的人》的复制品，是不是与盖板有关呢？戈赫就把这画取了下来，看了看画框和画后面的墙壁，都不见有什么开关。为了寻找盖板的开关，戈赫仔细地搜遍了房间里的每一个角落。当他在一架钢琴及钢琴的四周搜寻的时候，突然若有所悟，打开钢琴按了两个键。果然，奇迹出现了，床下的盖板启动了，打开了。原来盖板下面是一个洞，绅士把警察打伤后从这洞里通过下水道逃走了。戈赫弄清了这个秘密通道，才去向警察局报案。

你知道秘密通道是怎么找到的？

124 数字信

有一个人，干起工作来很认真，技术又好，不过有个缺点，喝起酒来一醉方休。喝醉了酒，不是骂人，就是打架。亲戚朋友都劝他少喝酒，甚至不喝，但他却总是改不了。

一天，这位爱喝酒的朋友收到一封信。拆开一看，信纸上写的全是数字：

"99
81797954
7622984069405
76918934
1.291817"

奇怪呀，这么多数字，什么意思？怎么一点点文字说明都没有呢？从笔迹看，是他的小外甥写的。你知道这封信的意思吗？

125 血写的X

日本东京市中心有一家小旅馆，虽然只有15个房间，但是由于紧邻风景区，所以生意很红火。但是有一天，住在10房间的一个意大利游客在这家旅馆被谋杀了。令人奇怪的是，警方发现在他的手掌下有个血写的"X"，当时他们很不解。经验丰富的警长随后赶到，根据这一线索对旅馆进行了搜查，并立刻抓到了真凶。

你知道这个血写的"X"提供了什么线索吗？

126 怪盗基德的预告函

某市美术馆有一批印象派大师的名画，将在5月14日展出，它们是：《泉》、《向日葵》、《火种》、《秋的恶作剧》、《古镇》、《堕落天使》、《彩虹》和《自画像》。

但在展出前一星期，也就是5月5日星期六的上午，美术馆突然收到怪盗基德的预告函。研究了一上午，美术馆的馆长也不知上面写的是什么，于是带着预告函去请教侦探亨利。亨利看了半响，决定把预告函告示全市，请全市的所有人一起来帮忙破解。

以下就是怪盗基德的预告函：

乘着康乃馨的祝福，绅士一刻间，就偷走大地之子的礼物，潘多拉的魔盒。

怪盗基德
5月5日

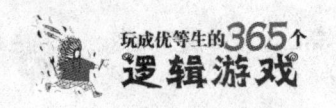

那么，请你试着解开谜底吧！

127 神秘的暗号

警方截获一封犯罪组织的密信，内容如下：

X先生：

如若您想救出Y，你需解开密码，向未来迈进，我在XX银行中11、12、13箱中其一里藏了一张支票，能不能拿到就只能看你了……

当狮子怒吼的开端，东方圣兽正在与王决斗，这空虚的深沟到底有多长，唯有全能的天神所知。

黑手

根据这封信的内容，你知道支票在哪个箱子里吗？

128 少尉破密函

法国某保安局少尉裴齐亚捉到一名亚尔赛斯特的间谍，从他身上搜到了一份密函。密函全文如下："B老师：就援助贵校球队出外比赛一事，明天5时请与领队到我家详谈。"受过特工训练的裴齐亚少尉，很快就破解了间谍携带的这份密函。

你知道它的真正内容是什么吗？

129 蒙太奇高校杀人事件

这是蒙太奇高校发生的第二次杀人事件了。死者名叫刘伟，是表演系四年级的学生。死因是背部中刀失血过多，而且从中刀的部位和状态判断，凶手应该是个左撇子。

据调查，案发以前刘伟曾和三名同学一起打牌，两女一男。其中男生名叫时强，两名女生分别是紫铃和李娟，时强和紫铃都是左撇子。

这时，法医在死者的衬衣口袋中发现了一张记有一组扑克牌的纸条，上面写着：

b9bQr2r9b5rQr2r8r5b9rAb7(b代表黑桃，r代表红桃)。

小马看完纸条后，将它与案发现场桌上的十几张混乱的扑克牌逐一比较，发现两者完全吻合，于是小马完全肯定地指出了凶手，并复述了当时案发时的情形。

那么凶手是谁？为什么？

130 报警的数字

这天傍晚，比利夫人在妹妹家里刚住了一天，管家就打电话让她赶快回家。她刚进家门，电话就响了，听筒内传来一个陌生男人的声音："你丈夫比利现在在我们手里。如果你希望他继续活下去，就快准备40万美金，你要是去报警，可别怪我们对比利不客气！"比利夫人听罢，险些瘫坐在地上。她思来想去了一整夜，觉得还是应该去报警。

波特警长接到电话后，立即驾车来到比利的别墅。首先，他去询问管家。管家说："昨天晚上来了个戴墨镜的客人，他的帽檐压得很低，我没看清他的脸。看样子他和先生很熟，一进来先生就把他领进了书房。过了1小时，我见书房里毫无动静，就推门进去，谁知屋里空无一人，窗子是开着的，我就给夫人打了电话。"

波特走进书房查看，没有发现什么线索。他又看了看窗外，只见泥地上有两行脚印，从窗台下一直延伸到别墅的后门外。看来，绑匪是逼迫比利从后门走出去的，波特转回身又仔细看了看书房，发现书桌的台历上写着一串数字：7891011。波特警长想了想，问比利夫人："你丈夫有个叫加森（JASON）的朋友吗？"她点了点头，波特说："我断定加森就是绑匪。"果然，波特从加森家的地窖里救出了比利，加森因此锒铛入狱。

你知道波特为什么根据那串数字，就断定加森是绑匪吗？

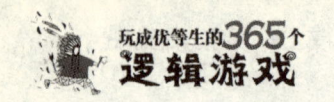

131 密码电报之谜

已是凌晨时分,香港警察局侦察二室依然灯火通明,老王桌上放着一份刚刚截获的密码电报,内容如下:

8375 7464 3447 7416 9242 6271 5582 6376 5222 7305 3261 1244 3213 6288 9218

老王陷入了沉思。据可靠消息,最近,某贩毒组织的成员已秘密潜入香港。侦察二室根据国际刑警组织的资料,对多名可疑人员进行了调查,但没有发现有价值的线索。老王再次翻开刚入境的三名可疑人员的资料,暗暗思索:这封电报到底是发给谁的呢?密文内容是什么呢?

台商王先生,前天由台湾飞抵香港,目前下榻在海江饭店1243房间。

美籍华人赵先生,昨天下午抵达香港,目前下榻在滨天大厦2413房间。

马来西亚李女士,昨天晚上抵达香港,目前住在王子饭店2217房间。

(提示:与区位码输入法有关,密钥正是该成员的房间号码)

第 3 章

　　字母逻辑游戏是在西方世界广为流传的一种逻辑思维游戏，在英语迅速普及的今天，可以说是一种世界通用的"文字逻辑"，近年来在我国公务员考试测试题、MBA逻辑游戏题中也经常出现。本书在参考大量国外同类图书的基础上，引进了很多字母逻辑游戏题，以开阔读者眼界，培养另类思维。考虑到中国读者的思维习惯和接受能力，本书列举的字母逻辑游戏主要分为线条构成、间隔规律、正序运算、反序运算、破译密码5类，读者可参考下面两个表格完成此类游戏。

26 个英文字母正序表

英文字母	A	B	C	D	E	F	G	H	I	J	K	L	M
对应序号	1	2	3	4	5	6	7	8	9	10	11	12	13
英文字母	N	O	P	Q	R	S	T	U	V	W	X	Y	Z
对应序号	14	15	16	17	18	19	20	21	22	23	24	25	26

26 个英文字母反序表

英文字母	Z	Y	X	W	V	U	T	S	R	Q	P	O	N
对应序号	1	2	3	4	5	6	7	8	9	10	11	12	13
英文字母	M	L	K	J	I	H	G	F	E	D	C	B	A
对应序号	14	15	16	17	18	19	20	21	22	23	24	25	26

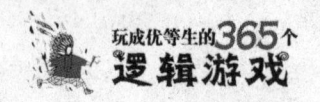

132 字母接龙（1）

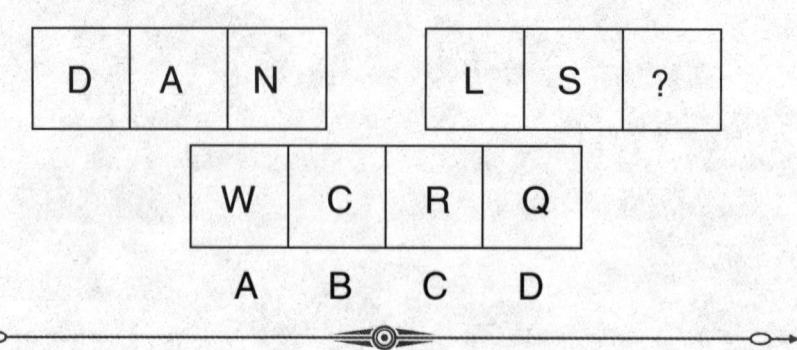

| D | A | N |

| L | S | ? |

| W | C | R | Q |
  A   B   C   D

---

133 字母接龙（2）

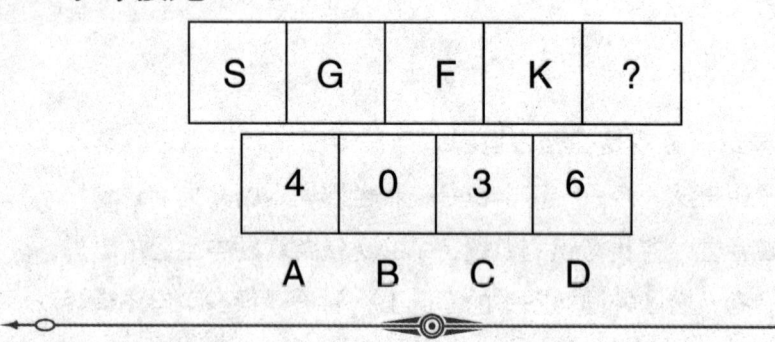

| S | G | F | K | ? |

| 4 | 0 | 3 | 6 |
  A   B   C   D

---

134 字母接龙（3）

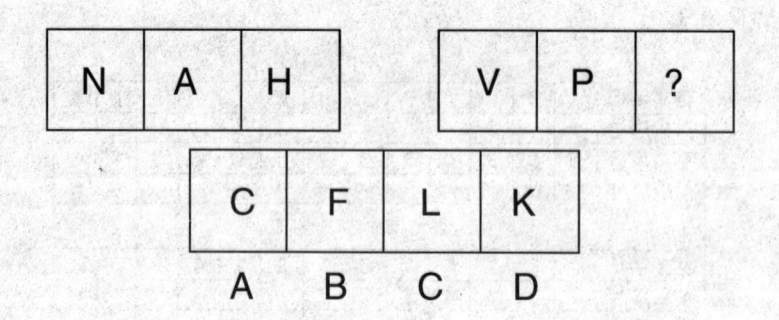

| N | A | H |

| V | P | ? |

| C | F | L | K |
  A   B   C   D

135 字母与数字（1）

找出各组字母与数字间的联系，哪个选项可取代字母W旁的问号？

G	7
M	13
U	21
J	10
W	?

14
A

23
B

9
C

26
D

2
E

11
F

---

136 字母与数字（2）

表中的字母与数字存在某种对应关系，请根据这种对应关系判断问号处的数字。

K	16
Y	2
P	11
E	22
L	?

15
A

13
B

11
C

18
D

8
E

6
F

137 按规则填字母（1）

请将A、B、C、D分别填在空格里，要求无论横行、竖行还是斜行都要有这四个字母，且不重复。

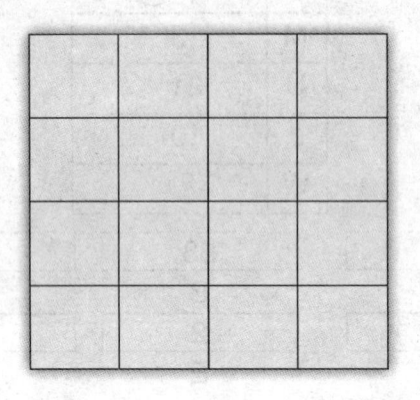

138 按规则填字母（2）

在要组成的这个表格中，每一行与每一列都要有字母A、B、C和两个空白方格。图中格子周围的字母，表示箭头所指的该行或该列中的第一个或第二个字母。你能将格子填完整吗？

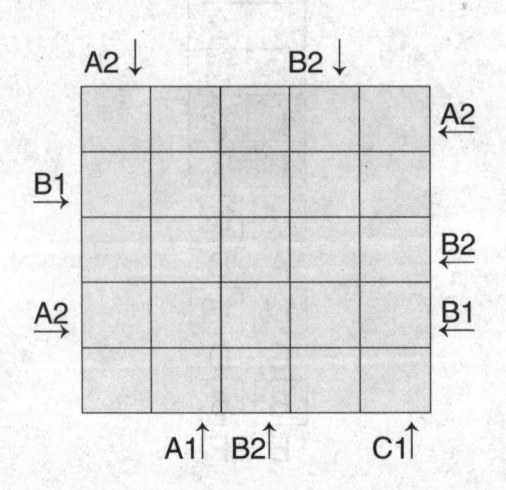

139 按规则填字母（3）

图中是一组6行×6列的方格，请在每行和每列中选取4格填入字母A、B、C、D，其余2空格保留。格子外的字母与数字分别代表沿箭头方向前进时，出现的第一个或第二个字母。

你能完成这个填写游戏吗？

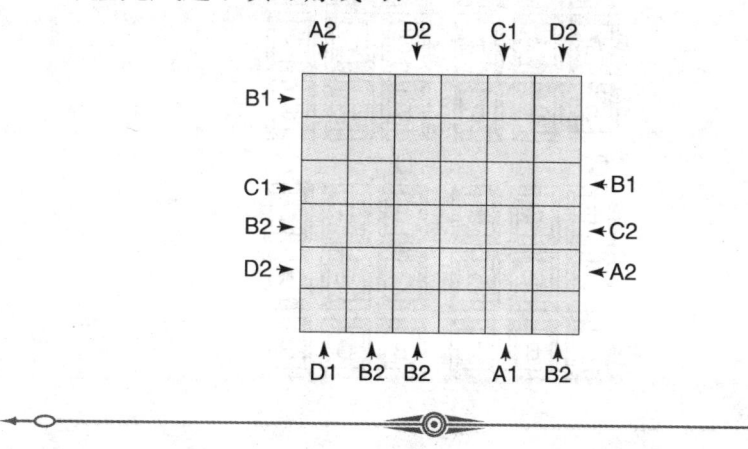

140 字母等式

请破解图上各等式的规律，算出"？"处应填的正确数值。

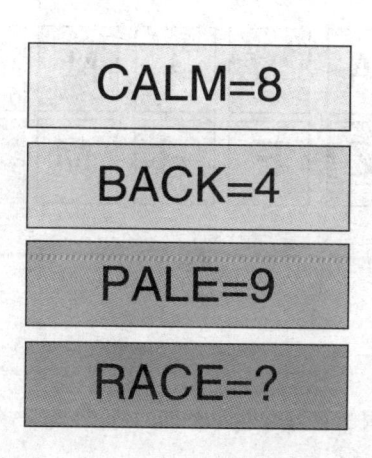

CALM=8

BACK=4

PALE=9

RACE=?

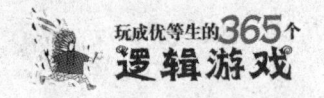

141 字母键盘

在A—D中，有一个字母键盘与其他三个"不同"，是哪一个？为什么？

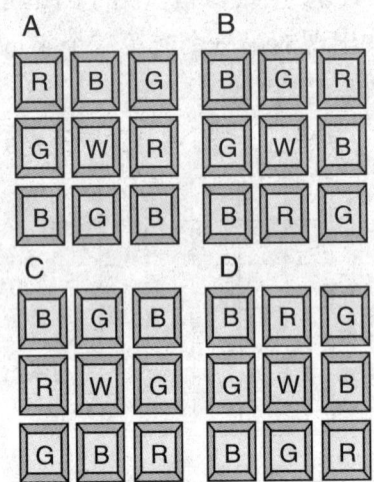

```
      A                    B
  R  B  G            B  G  R
  G  W  R            G  W  B
  B  G  B            B  R  G

      C                    D
  B  G  B            B  R  G
  R  W  G            G  W  B
  G  B  R            B  G  R
```

142 字母填空

请破解字母排列的规律，在"？"处填上正确的字母。

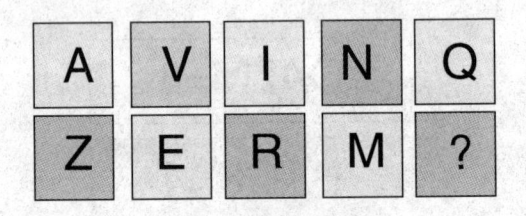

```
A  V  I  N  Q
Z  E  R  M  ?
```

143 差别最大

在A、Z、F、N、E五个字母中，哪个与其余四个差别最大？

144 多余的字母

每个圆圈里都有一个字母是多余的，你知道是哪一个吗？

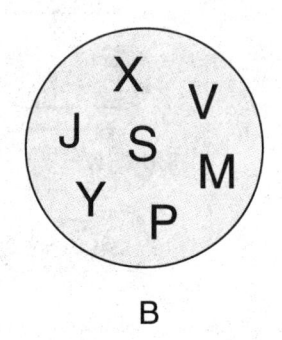

```
    B                    X  V
  F N                  J S M
  E Q K                Y P
    H                  
    A                    B
```

---

145 特殊的字母

哪个字母异于其他字母？

ANE
A B C

FH
D E

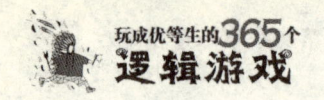

146 哪一个是特殊的

哪一个字母组合是特殊的？

KMOP
GIKL
JLNO
SUWX
CEGH
OQST
LMOP

---

147 字母推理

如果 D 等同于 P，那么 L 等同于什么？
是 A、M、W 还是 T？

---

148 字母的规律

下列字母按我们惯常熟悉的顺序排列，请找出内在规律，指出下一个字母该是什么？

O、T、T、F、F、S、S、E

149 字母填空

"？"处应填什么字母？为什么？

E	T	K
B	O	?
X	V	Y

---

150 字母转化

完成类比排列。按照A转化为B，那么C转化为D、E、F、G、H中的哪一个？

```
    A     B     C
    C     E     D
    F     I     W
    T     X     B

    D     E     F     G     H
    Z     F     Y     E     F
    F     Z     C     Y     Y
    C     F     F     E     G
```

---

151 "Z"的颜色

下图是一个5×5的方格，方格中写完了26个英文字母中的前25个，还有最后一个字母Z没写出来。

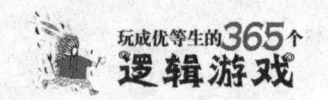

请仔细观察图中的字母颜色规律，想想如果再写出字母Z时，Z应该是写成黑色还是白色？

A	B	C	D	E
F	G	H	I	J
K	L	M	N	O
P	Q	R	S	T
U	V	W	X	Y

152 找规律填字母

哪个字母能填在问号处，完成这个谜题？

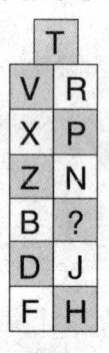

	T
V	R
X	P
Z	N
B	?
D	J
F	H

153 破解字母密码

问号处应为什么字母？

C G J N Q ? X

154 字母卡片

问号处应为什么字母？

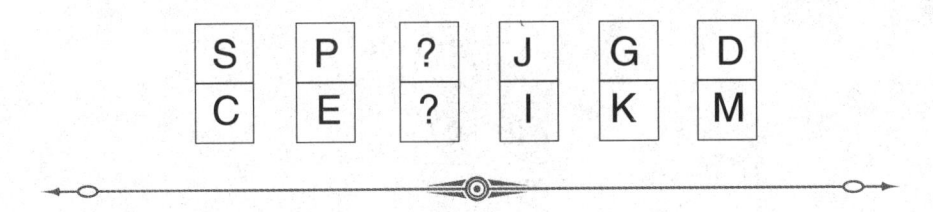

S	P	?	J	G	D
C	E	?	I	K	M

155 字母转盘

问号处应为什么字母？

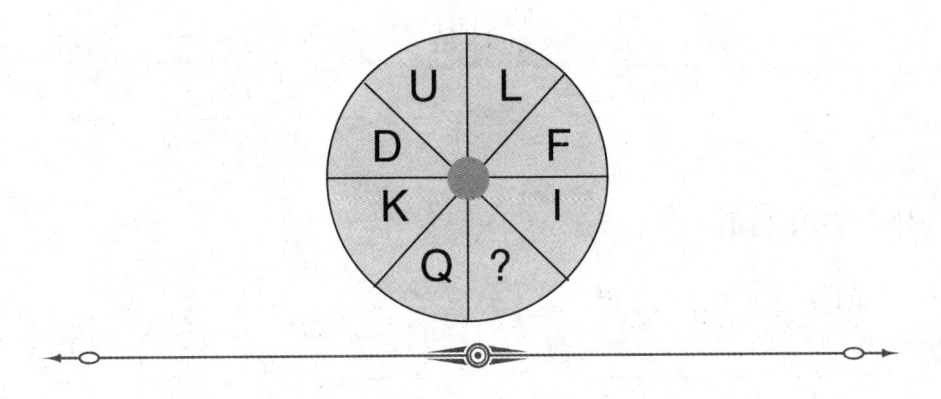

156 字母方圆

问号处应为什么字母？

C	E	G
Q		I
O	M	?

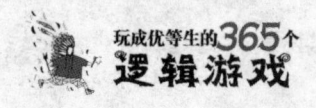

157 字母围墙

问号处应为什么字母？

```
C K
F O
? ?
L W
O A
R E
```

158 字母通道

问号处应为什么字母？

```
E   I         J   V
  J             Q
K   O         L   X

      E   P
        ?
      D   O
```

159 字母窗口

问号处应为什么字母?

```
    A D G
    J N R
    I N ?
```

160 字母大厦

问号处应为什么字母?

```
D O
P E
F Q
? ?
H S
T I
J U
```

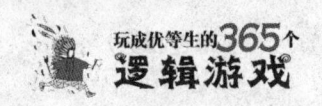

161 字母十字架

问号处应为什么字母？

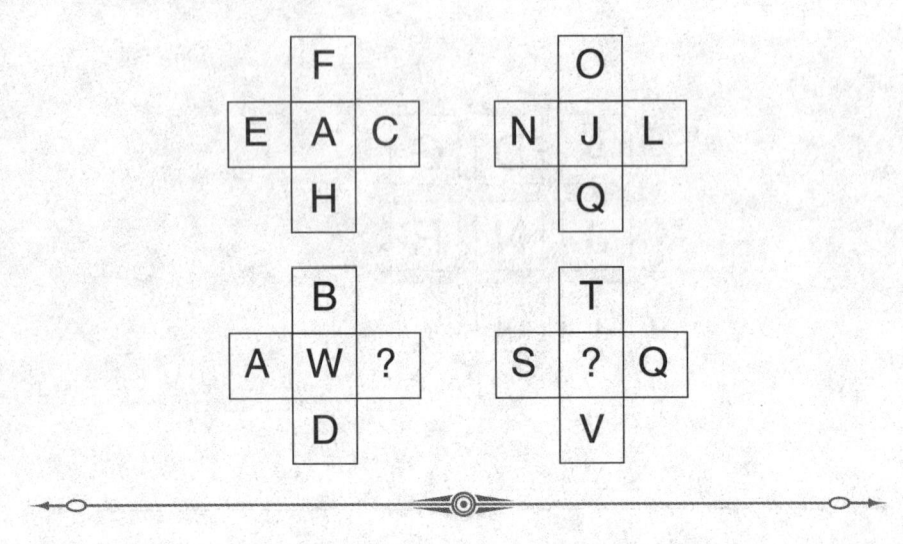

162 字母正方形

问号处应为什么字母？

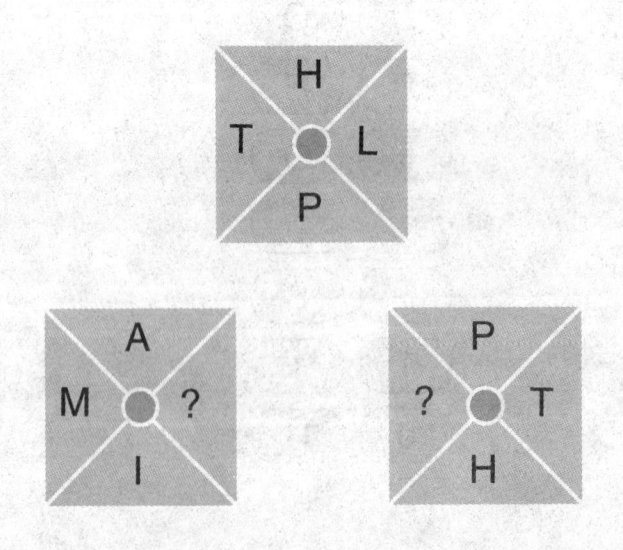

163 字母桥梁

问号处应为什么字母?

F		H
C	M	A
D		D

G		F
C	?	F
G		E

(1)

A		G
B	?	F
K		A

R		J
A	?	G
B		D

(2)　　　　　(3)

164 字母瓶颈

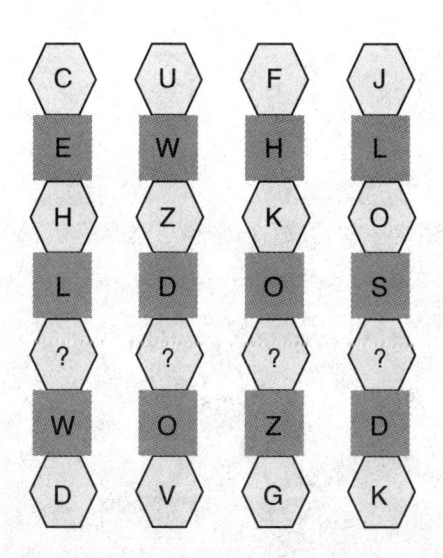

问号处应为什么字母?

C	U	F	J
E	W	H	L
H	Z	K	O
L	D	O	S
?	?	?	?
W	O	Z	D
D	V	G	K

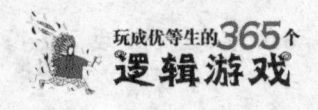

165 字母纵横

问号处应为什么字母？

```
C — G — K
|   |   |
E — I — M
|   |   |
G — K — ?
```

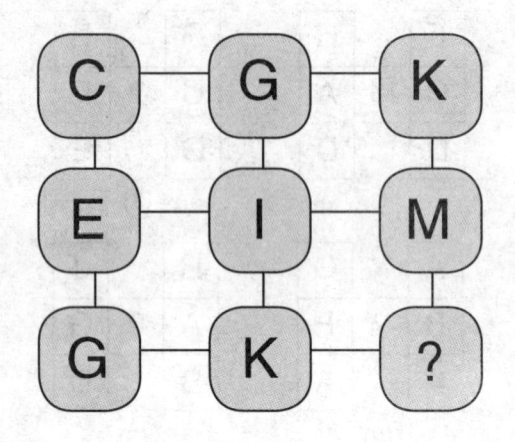

166 字母连环

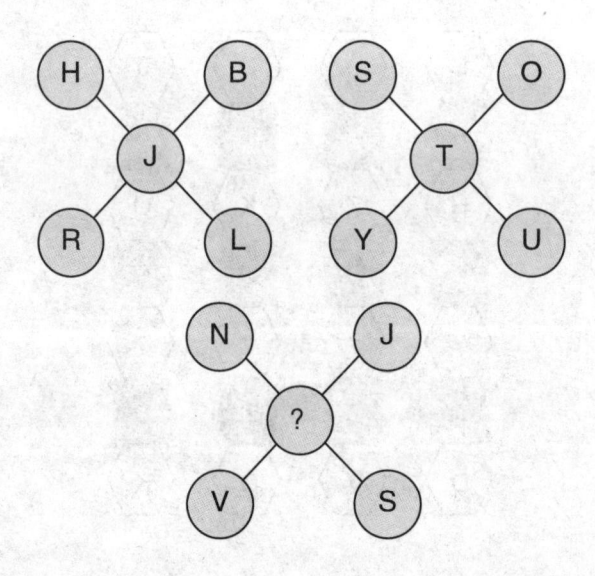

问号处应为什么字母？

167 字母铺路石

（1）问号处应为什么字母？

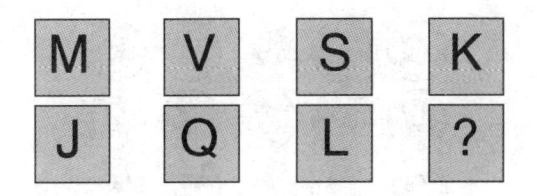

M	V	S	K
J	Q	L	?

（2）问号处应为什么字母？

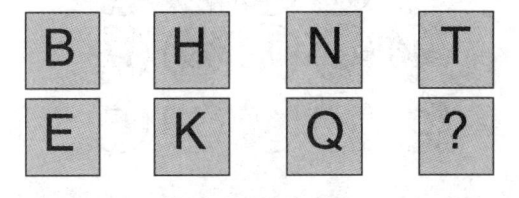

B	H	N	T
E	K	Q	?

168 字母向心力

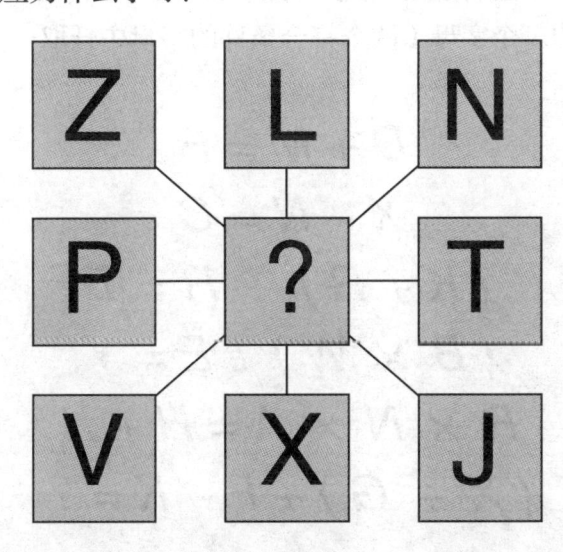

问号处应为什么字母？

Z	L	N
P	?	T
V	X	J

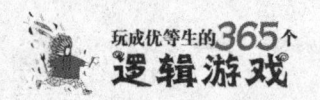

169 字母密码本

问号处应是什么字母？

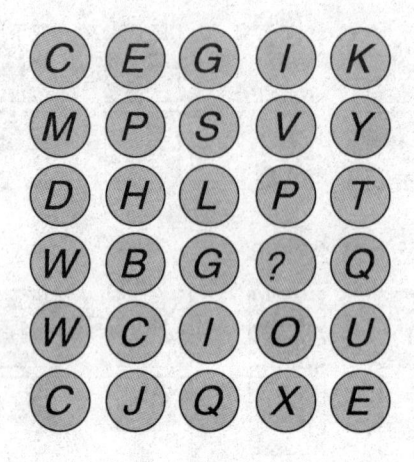

C	E	G	I	K
M	P	S	V	Y
D	H	L	P	T
W	B	G	?	Q
W	C	I	O	U
C	J	Q	X	E

---

170 字母的数字含义

你能找出下图所运用的逻辑方法吗？同时，请写出能够使最下方等式成立的一个字母（两个符合条件的字母中任取一个即可）。

$$D + M = R$$
$$X - N = C$$
$$(K + R) \div R = T$$
$$(B \times W) + E = Y$$
$$R \times N \times A = H + X$$
$$(X \div G) + F - K = ?$$

171 缺少的字母

六角星中少了什么字母？

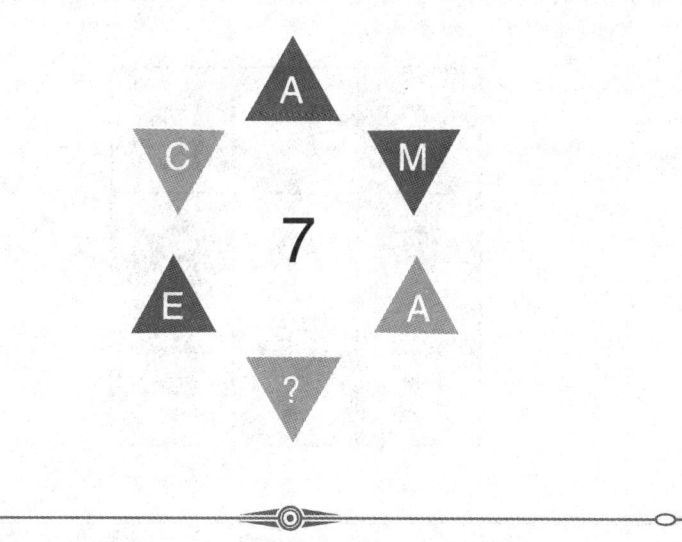

172 找规律填字母

填什么字母能延续这个序列？

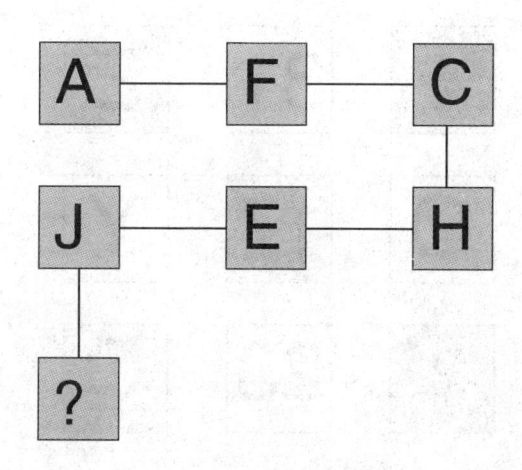

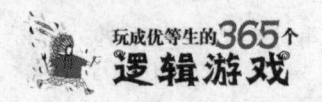

173 看图片找规律

哪个字母能填在问号处完成谜题?

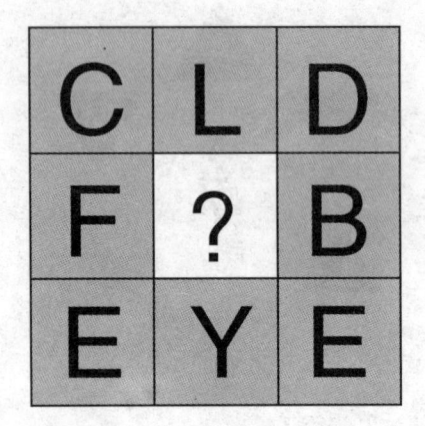

C	L	D
F	?	B
E	Y	E

---

174 数字和字母的关系

找出数字和字母间的关系,完成谜题。

I	31	E
O	17	Y
?	23	O

175 数字和字母

你能找出正方形中字母和数字之间的联系，并用一个数字来替换图中的问号吗？

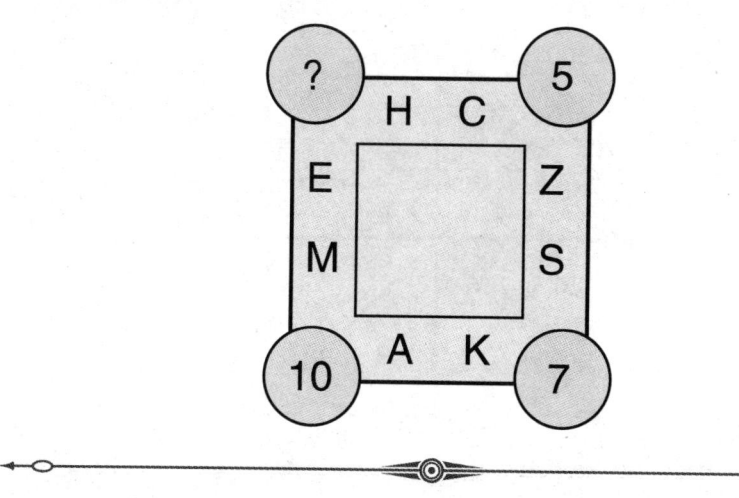

176 "数字+字母"圆盘

问号处应为什么数字？

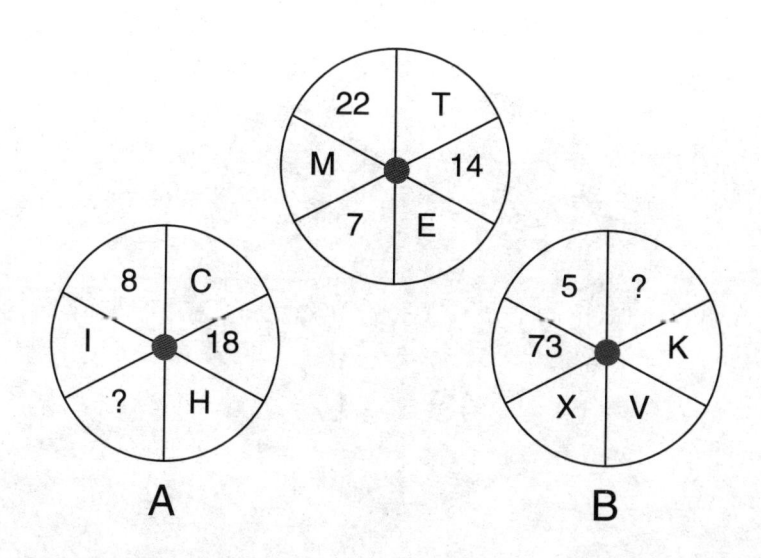

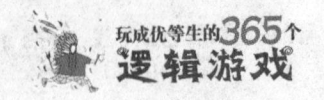

177 "数字+字母"转盘

下图转盘中的字母和数字之间存在着某种联系，你能用一个字母来代替图中的问号吗？

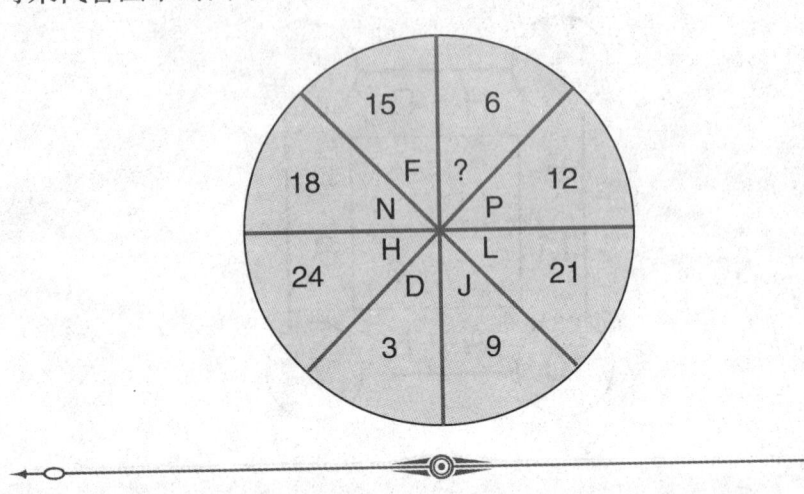

178 破解"数字+字母"密码

问号处应为什么数字？

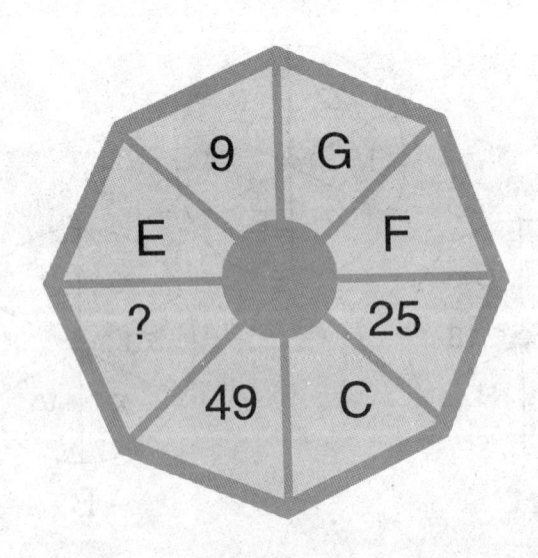

179 "数字·字母"正方形

正方形中的字母和数字是按照一定的规律排列的,你能推算出问号代表的是哪个数字吗?

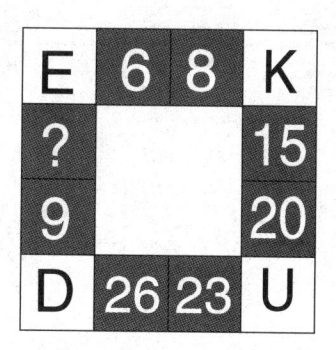

```
E  6  8  K
?        15
9        20
D  26 23 U
```

180 填什么数字

填什么数字能完成这个序列?

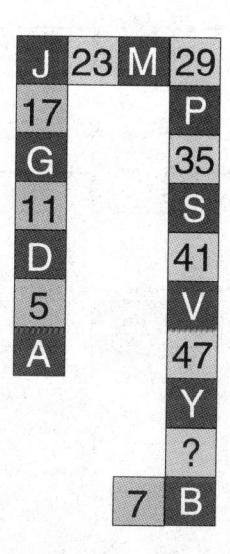

```
J 23 M 29
17       P
G        35
11       S
D        41
5        V
A        47
         Y
         ?
      7  B
```

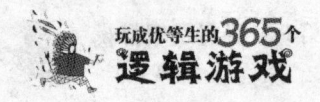

181 填什么字母

填什么字母或数字能完成这个序列?

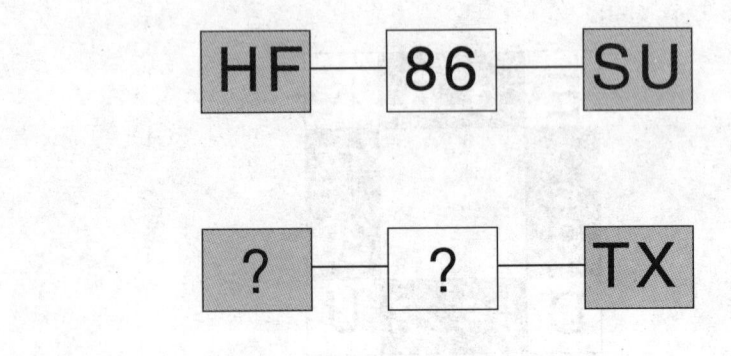

HF — 86 — SU

? — ? — TX

---

182 填字母完成谜题

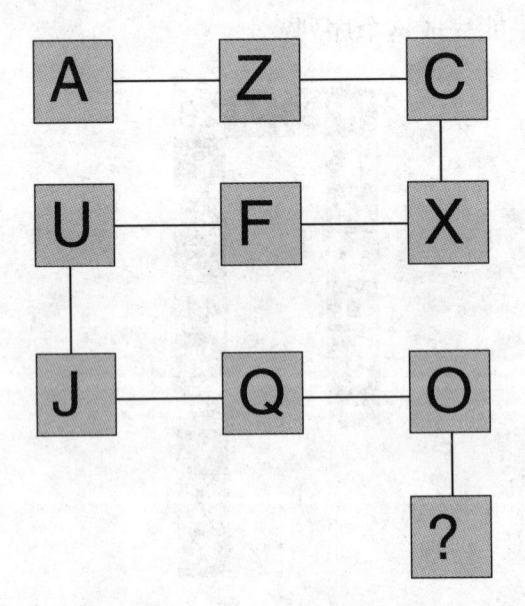

A — Z — C

U — F — X

J — Q — O

?

183 缺失的字母

你能推算出问号处缺失的字母吗?

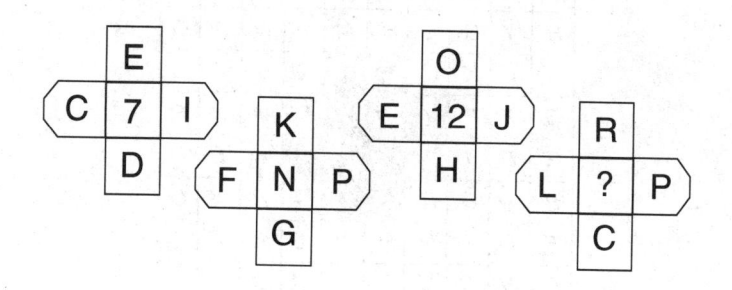

184 找规律

在最后的五角星中填充适当的字母。

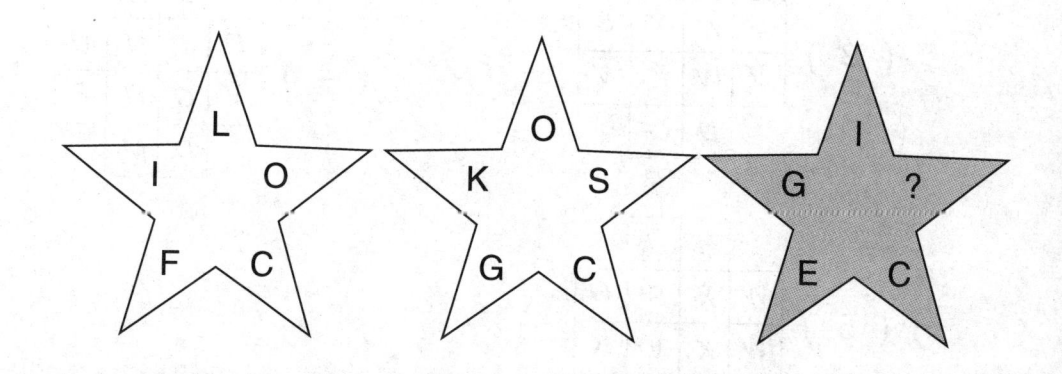

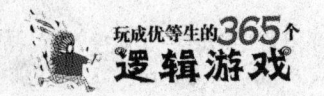

185 字母方阵

问号处应为什么字母?

A	J	B	K	C	L	D	M	E	N
I	S	Z	T	A	U	B	V	C	F
R	Y	G	L	H	M	I	N	W	O
H	F	K	Q			U	J	D	G
Q	X	P				O	X	P
G	E	J		?		K	E	H
P	W	O	R			T	P	Y	Q
F	D	I	N	H	M	G	L	F	I
O	V	C	U	B	T	A	S	Z	R
E	N	D	M	C	L	B	K	A	J

(1)
```
    L H
K Q T R
P S W X
    V W
```

(2)
```
    S V
T W W U
R X X Q
    S V
```

(3)
```
    T R
S W X S
V W X V
    U Q
```

(4)
```
    O R
D I N H
V C U B
    D M
```

(5)
```
    R U
W X S O
W X V K
    D T
```

186 找出三个数字

在下面的字母表中，数字5、10、15各出现了一次，你能将它们找出来吗？

```
T E F I V T Y E N E
N E I F I T N E N T
E N F T F I E I Y I
X E E I N E N T E F
F E Y E E F I N I E
I T E T F N I N E N
N Y E N I L E T I N
E T Y N I F T F T I
```

187 藏宝箱

如果你能准确推算出两个"？"的数值，就能顺利打开这个藏宝箱。

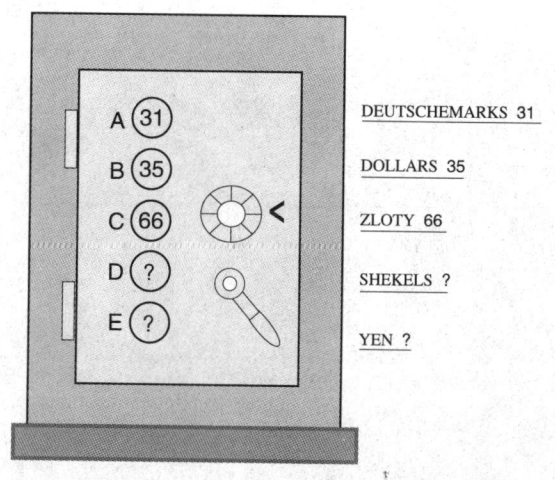

A 31
B 35
C 66
D ?
E ?

DEUTSCHEMARKS 31
DOLLARS 35
ZLOTY 66
SHEKELS ?
YEN ?

第4章　图形逻辑游戏

　　本书中的"图形"，是一个内涵十分广泛的综合性概念，不仅包括各种图案、几何图形，还包括由数字、字母、文字等诸多元素构成的思考题。它虽然复杂神秘，但却并非高不可攀；尽管种类繁多，却赏心悦目。进入图形的世界，需要有一双能够"透视"眼睛，才能把这些游戏看得真真切切。所谓能够"透视"眼睛，就是既要看到图形的形式，又要看到图形的内容；既要看到"有形"的图形，又要看到"无形"的图形。

　　需要特别指明的是，在这里所说的"透视"、"有形"和"无形"不仅指一种生理视觉的感受，还包括思维视觉的感受。比如，人们常用的方法或众所周知的方法在使用时也许生理视觉看不见，但从思维角度讲它们是可见的。而另一些方法，也许在使用时人们的生理视觉能够看得到它表面在做什么，但它实质隐藏在生理视觉之外，隐藏在人们感觉不到的思维盲区里。所以，解答图形逻辑思维训练题目不能只盯着图形看，要运用逻辑思维，由生理视觉上升到思维视觉。

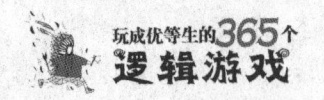

188 图形接龙（1）

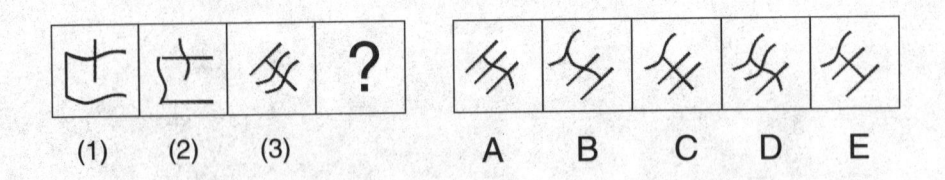

(1)　(2)　(3)　　　A　B　C　D　E

根据图(1)和图(2)的逻辑关系，和图(3)相类似的图形是

189 图形接龙（2）

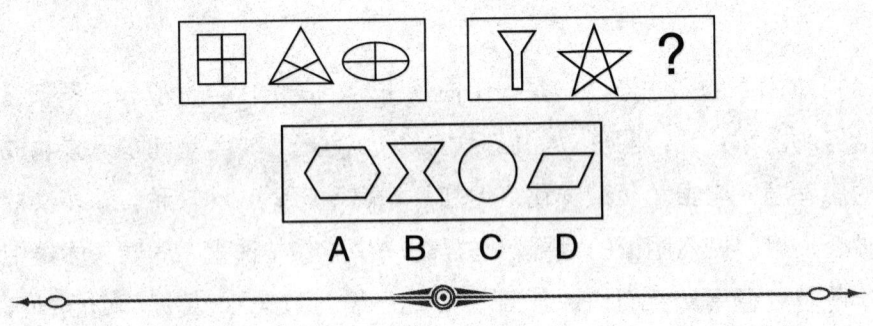

A　B　C　D

190 图形接龙（3）

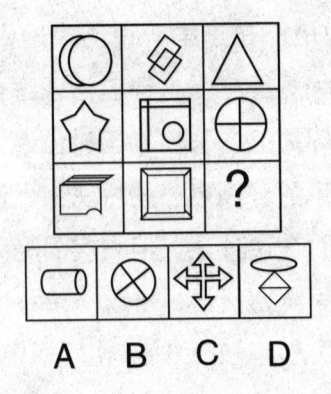

A　B　C　D

191 图形接龙（4）

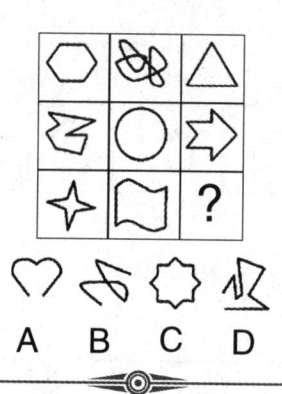

A　B　C　D

192 图形接龙（5）

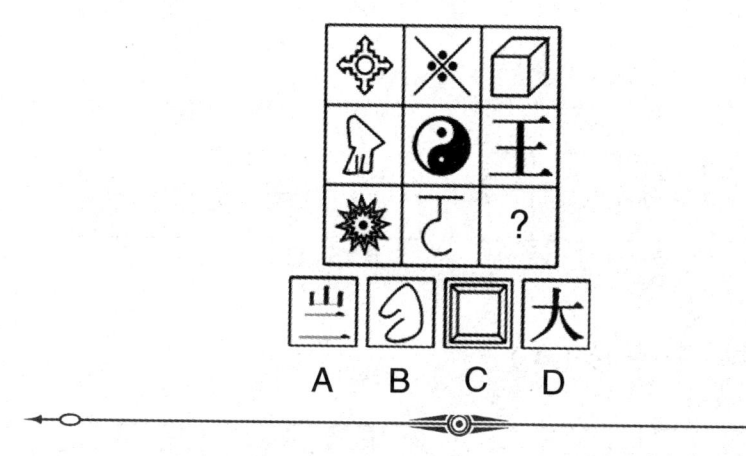

A　B　C　D

193 图形接龙（6）

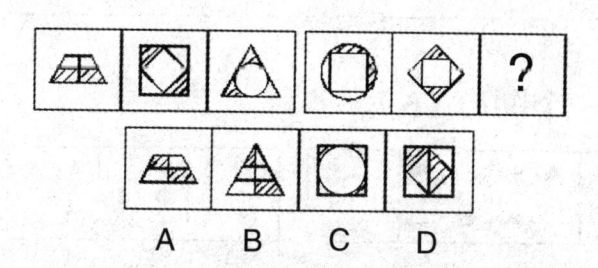

A　B　C　D

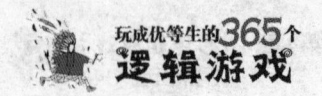

194 选出下一个图形（1）

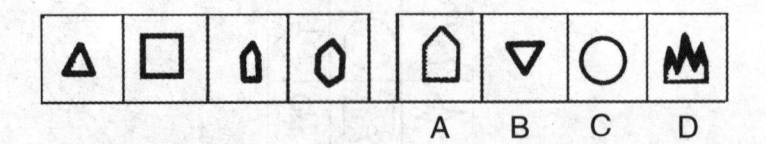

195 选出下一个图形（2）

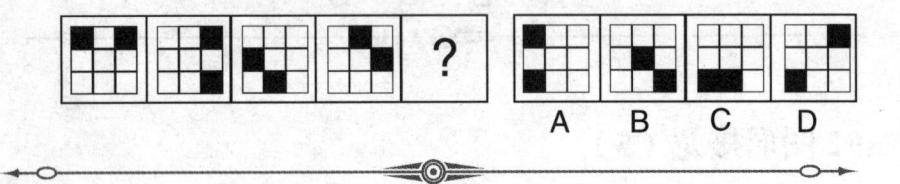

196 选出下一个图形（3）

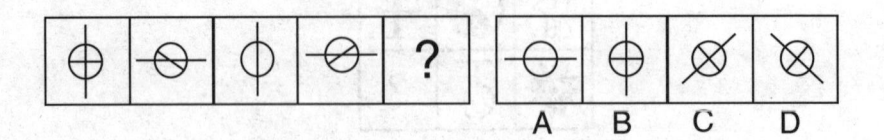

197 选出下一个图形（4）

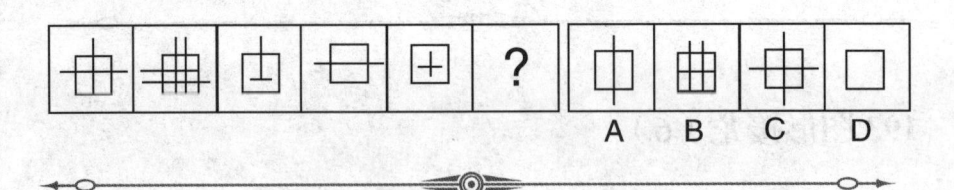

198 选出下一个图形（5）

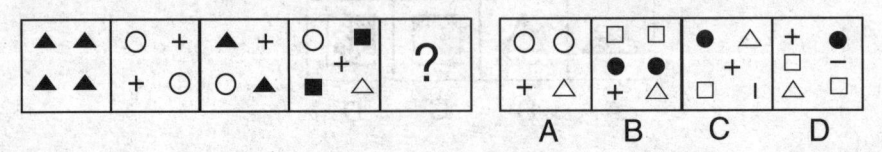

199 选出下一个图形（6）

200 对调铅笔

下图中有6支浅色铅笔，7支深色铅笔。沿虚线将图形剪开，将左下方的部分与右下方的部分对调，深浅铅笔数量会怎样变动？

201 三色连线

请你在一分钟内用线将相同的颜色连起来。要求线与线之间不能交叉。试试看，你行吗？

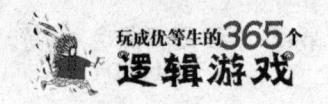

202 男女有别

请你将代表男女性别的两种符号各用一根连线串起来,要求两根连线不可交叉。

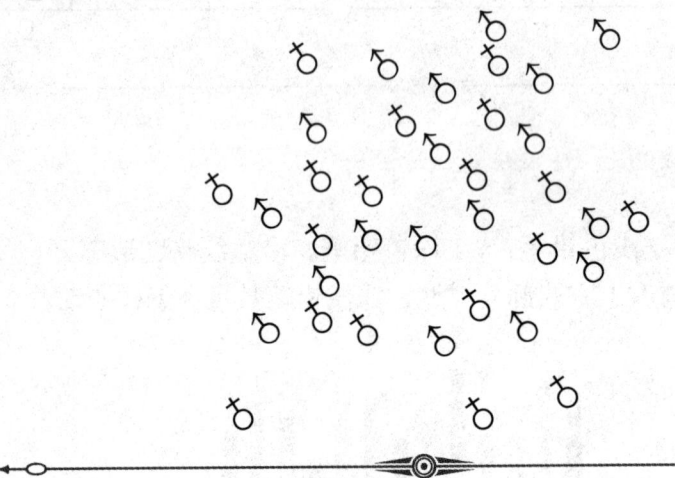

203 巧分挂表

图中有10只挂表,请你利用3条直线将方框分成5块,并且每一块都有2只挂表。

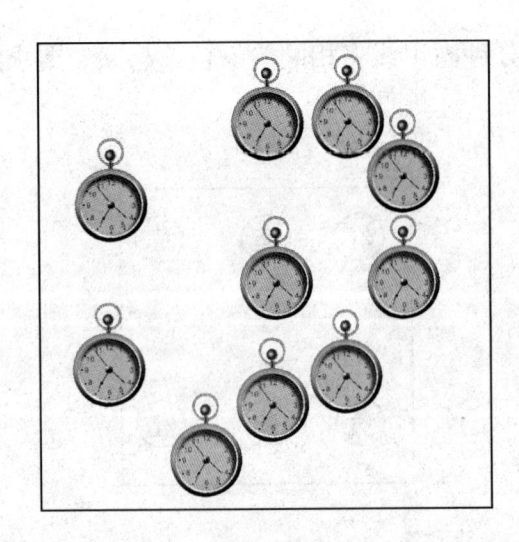

204 相反的一面

请问下面A—D中的哪个图与给定的图正好左右相反？

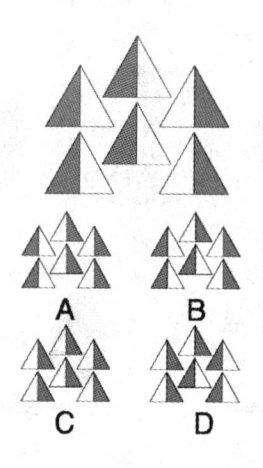

205 叠放的布

有大小相同的6块正方形的布叠放在一起后如下图。请问：这些布由里至外是依照什么顺序叠放的呢？选出正确的答案。

A. 3→1→5→4→2→6
B. 4→1→3→5→2→6
C. 1→3→4→5→6→2
D. 1→3→4→5→2→6

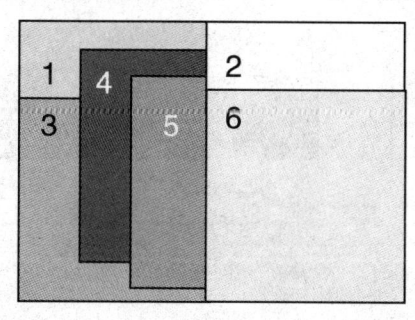

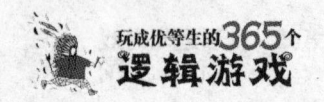

206 余下的一个是谁

下列5个图形中，有4个图形两两对应，那么，余下的一个图形是A、B、C、D、E中的哪一个？

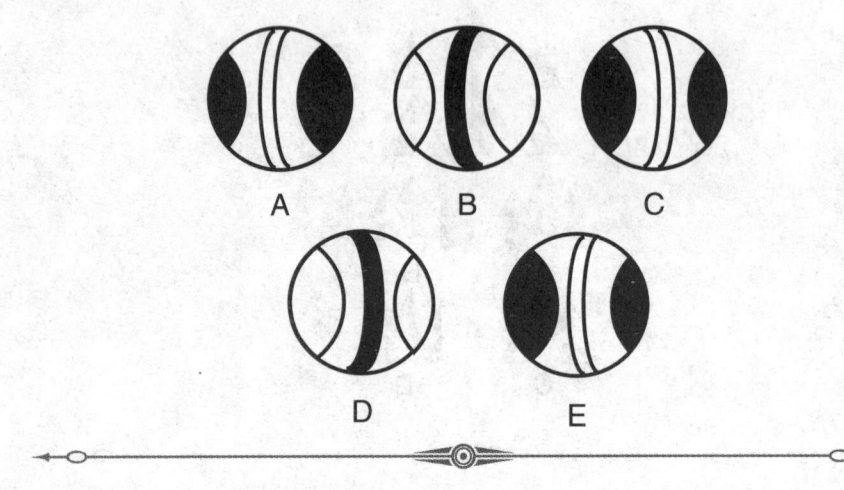

207 不同的正方形组合

请仔细观察下面的5个图，然后找出这些图形中与众不同的那一个图形。

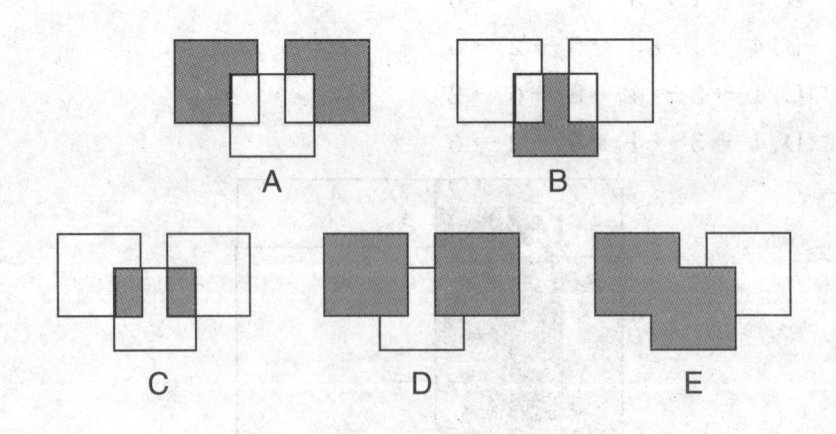

208 找不同

请找出图形中与众不同的那一个。

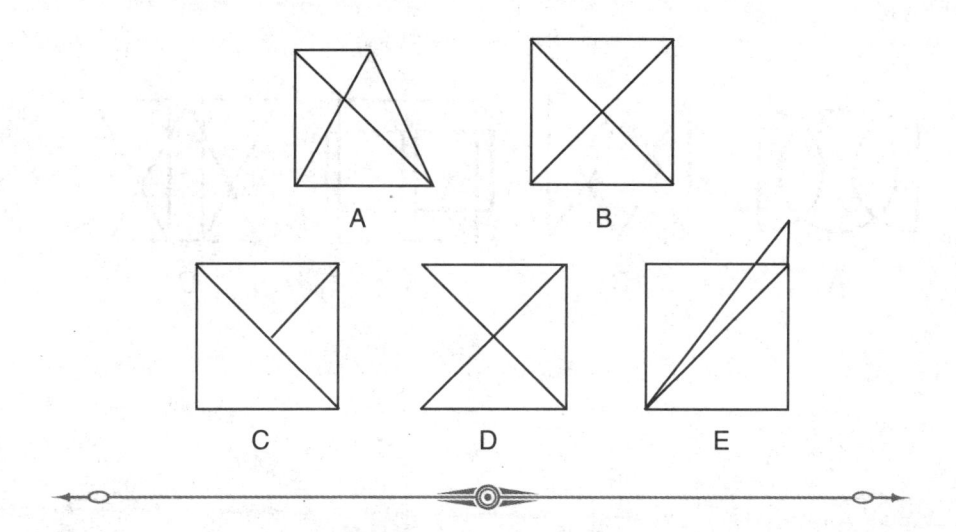

A B C D E

209 与众不同的图形

请寻找下图中的规律，然后找出与众不同的那一个图形。

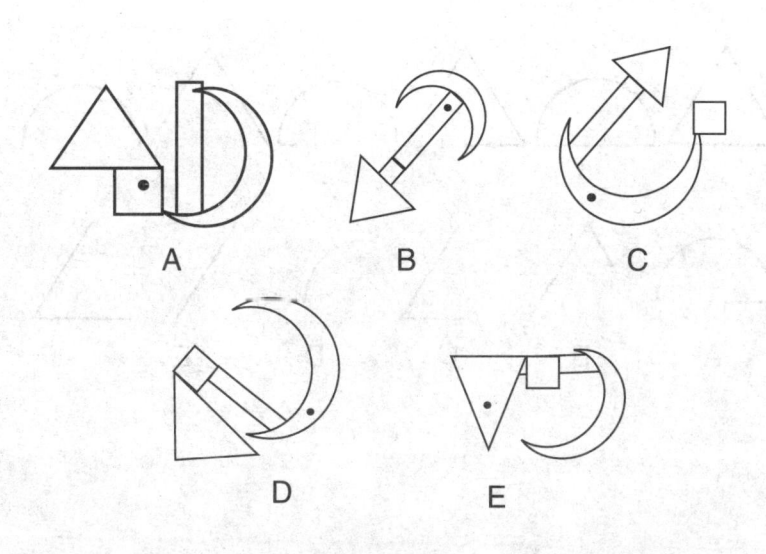

A B C D E

210 哪一个与众不同

下面四个图形中,哪一个与众不同?

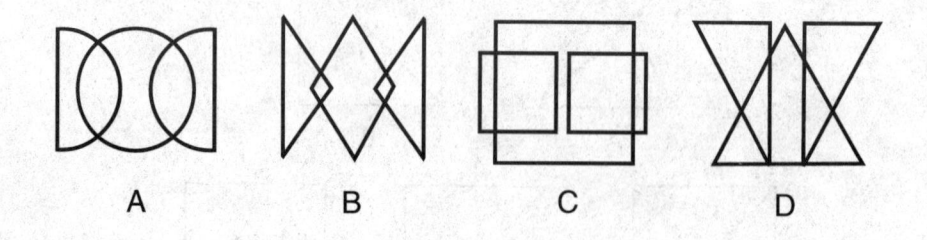

A　　B　　C　　D

211 看图片,找规律

A—F六个图形中,哪个能延续这个图形序列?

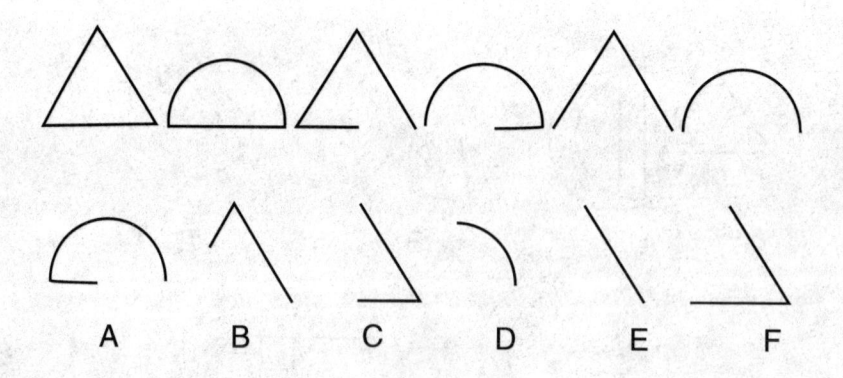

A　　B　　C　　D　　E　　F

212 找规律，选图形

按图形变换的规律选出正确选项。

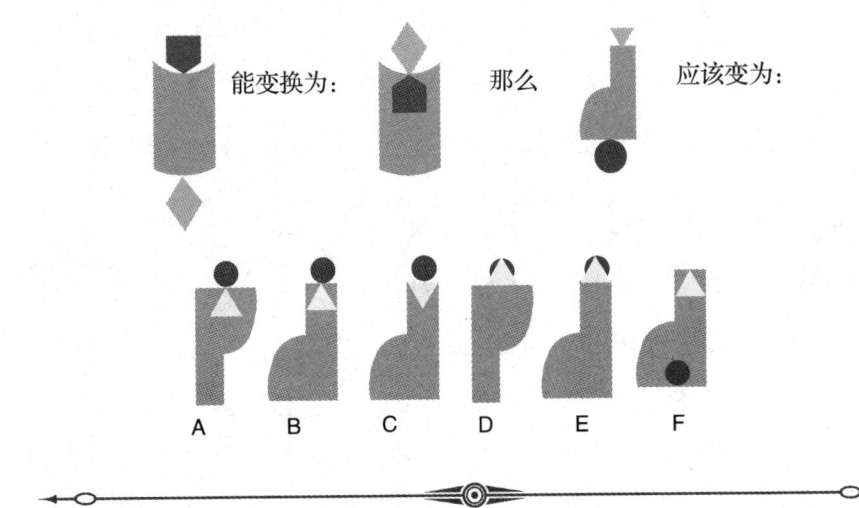

213 图形变化

哪个选项是这一序列中缺少的？

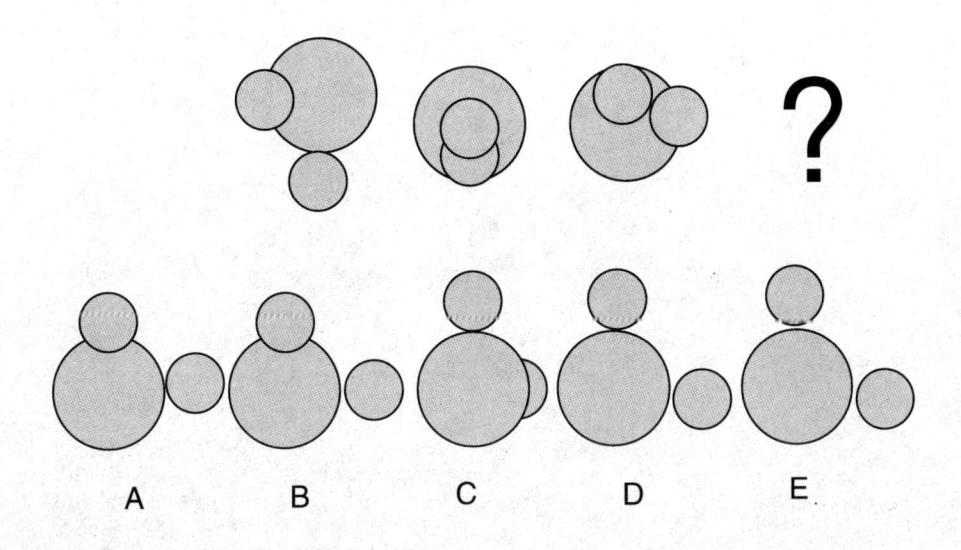

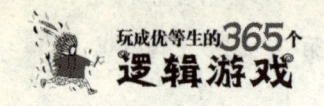

214 选图形

这一序列缺少了哪一部分？

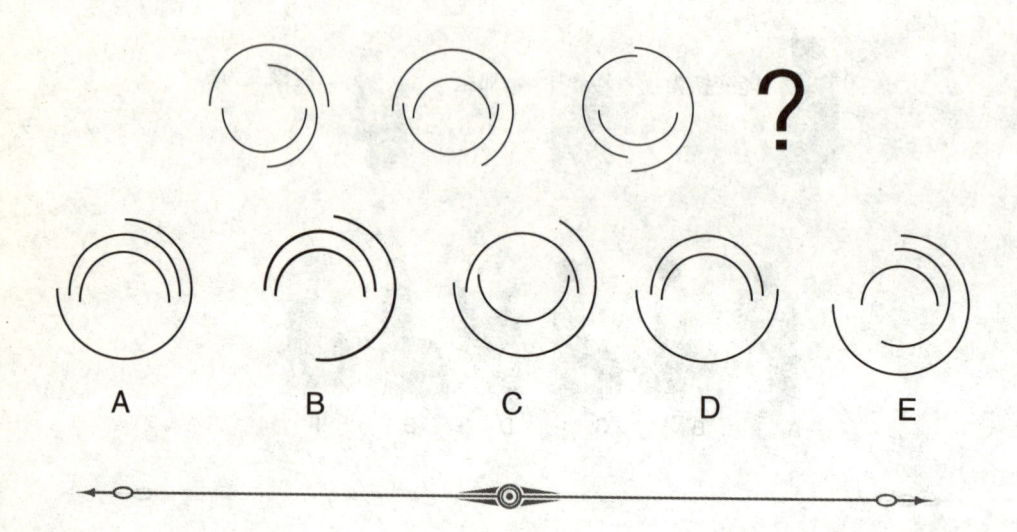

A   B   C   D   E

215 符号序列

缺失的符号是哪个？

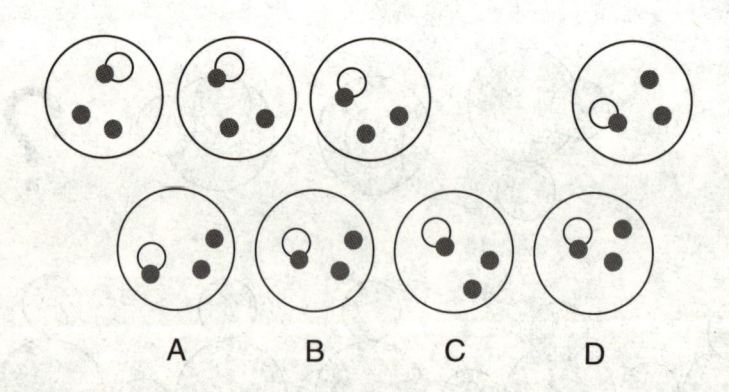

A   B   C   D

216 图形分类

哪一个选项是这一序列中缺少的部分？

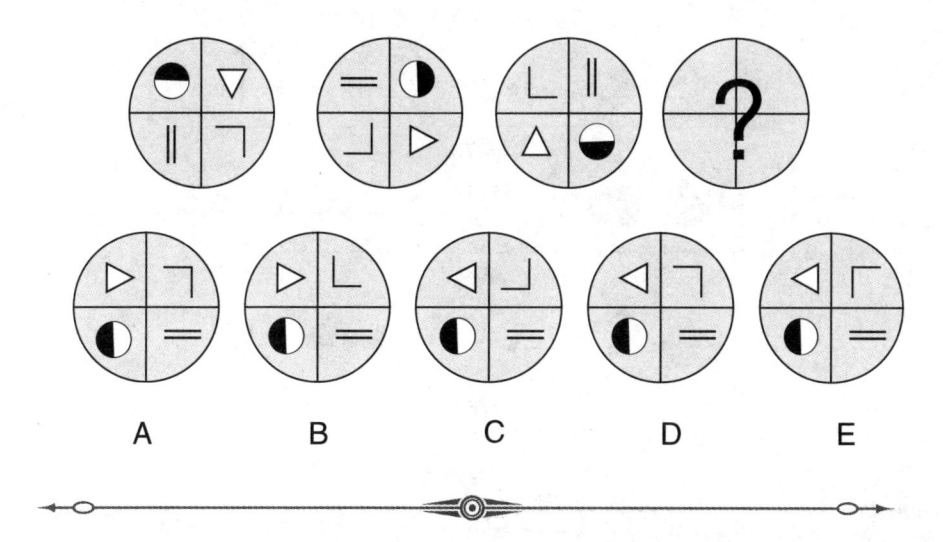

217 填补空白

A—D中，哪一块图案适合填在空白处？

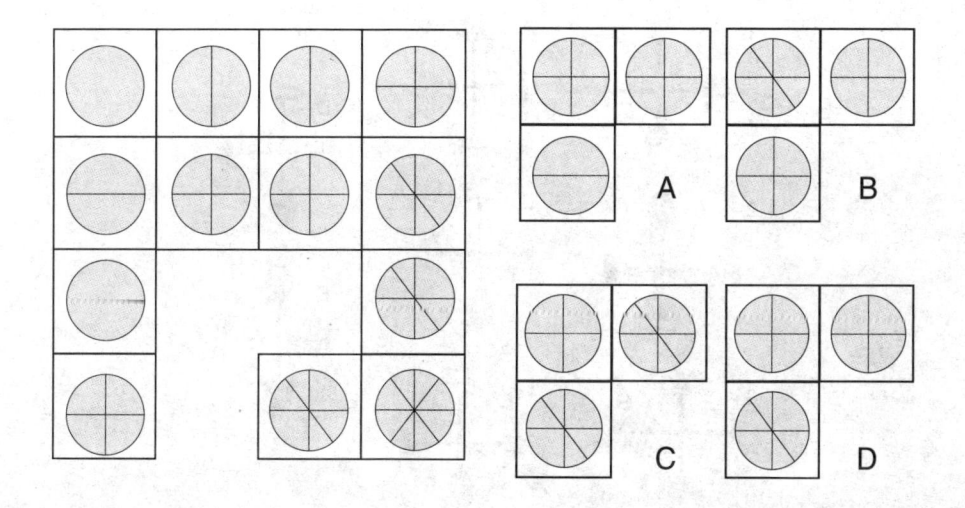

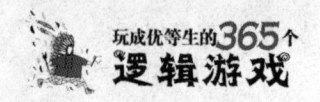

218 跷跷板

问号处应该放什么图形？

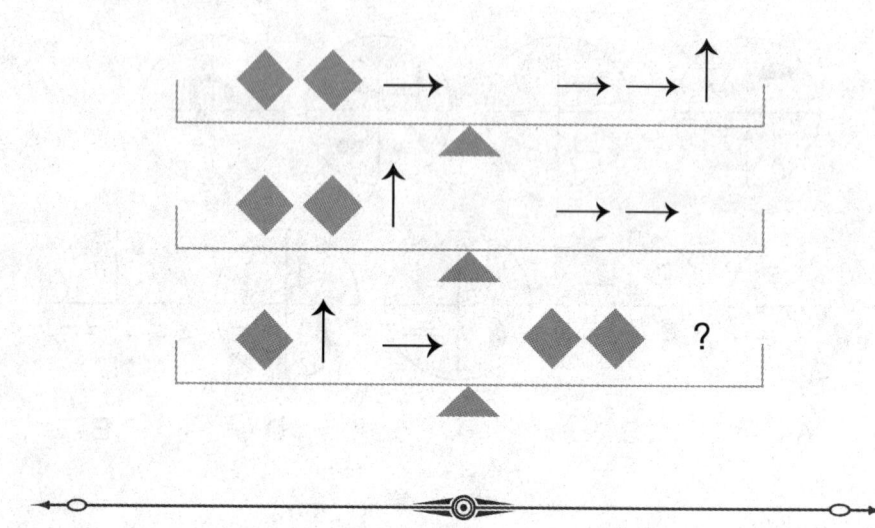

---

219 找规律，选择合适的图案

在下面的几个选项中，哪一项可以延续左面的图案序列？

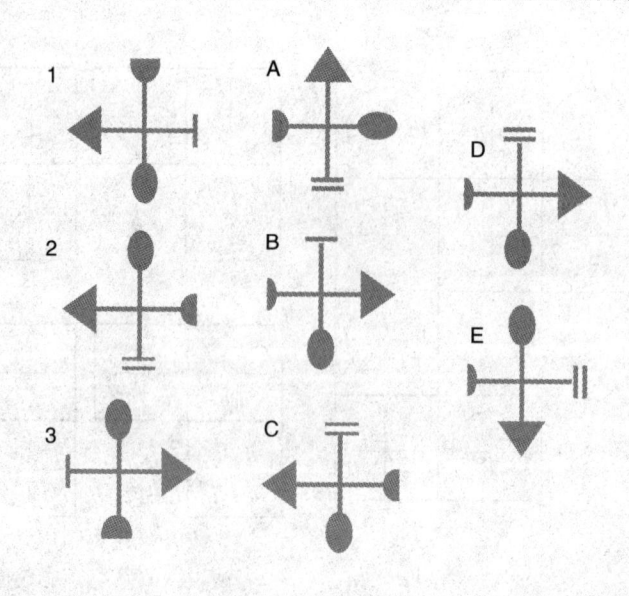

220 平面拼合

左边的4个图形可以拼成右边的哪个形状的图形(主要指外部结构)?

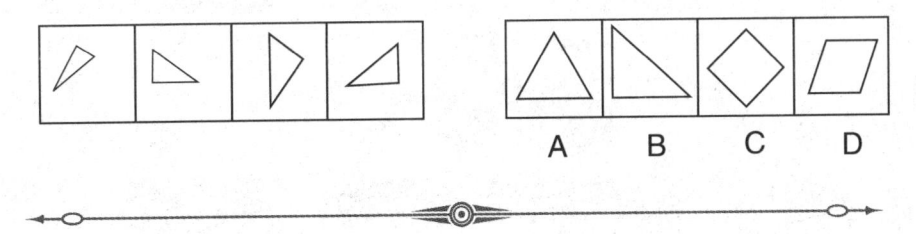

221 找出同类图形

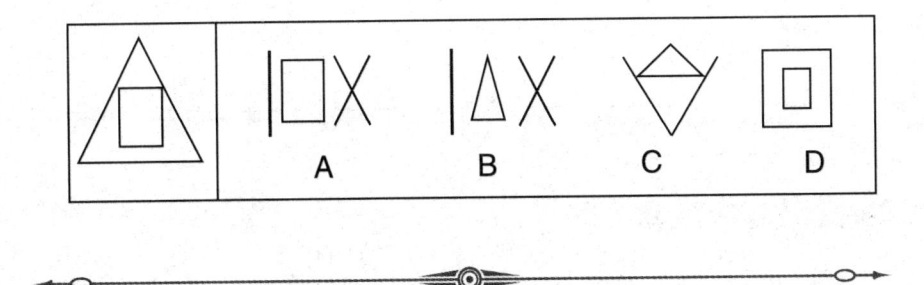

222 适合的图形

A—E五个盒子中,哪个盒子展开后能形成上面的图形?

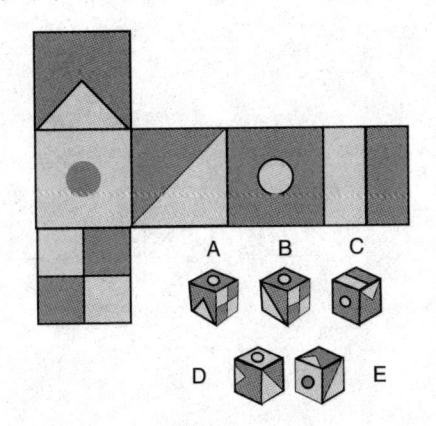

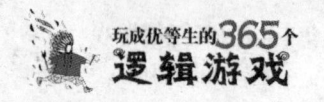

223 包装盒

A—D四个立方体中，哪一个和上面的一模一样？

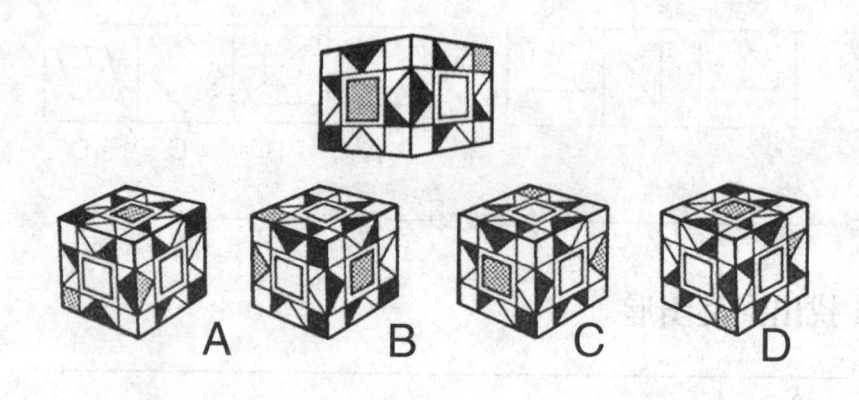

224 找出对应纸盒

下面四个所给的选项中，哪一选项的盒子不能由左边给定的图形做成？

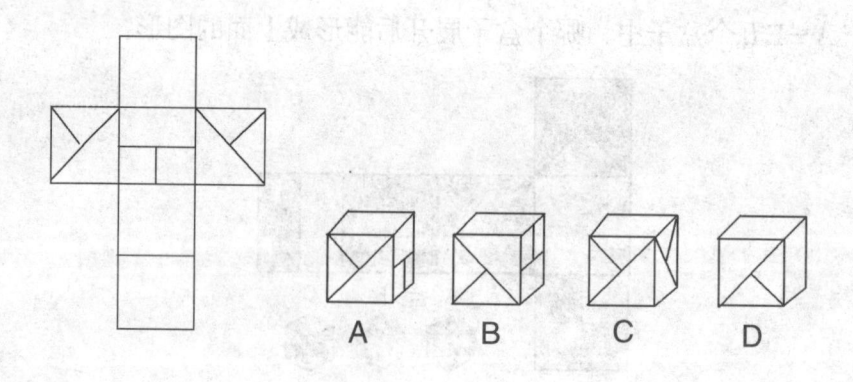

225 不同寻常的保险箱

这是一个不同寻常的保险箱，每一个按钮按照正确的顺序只准按一次，才能到达"OPEN"，每个按钮上标着移动次数和方向，比如3C表示顺时针移动3次，1A表示逆时针移动1次，1O表示向圆心移动一次，2I表示向圆心外移动2次。你必须先按哪个按钮？

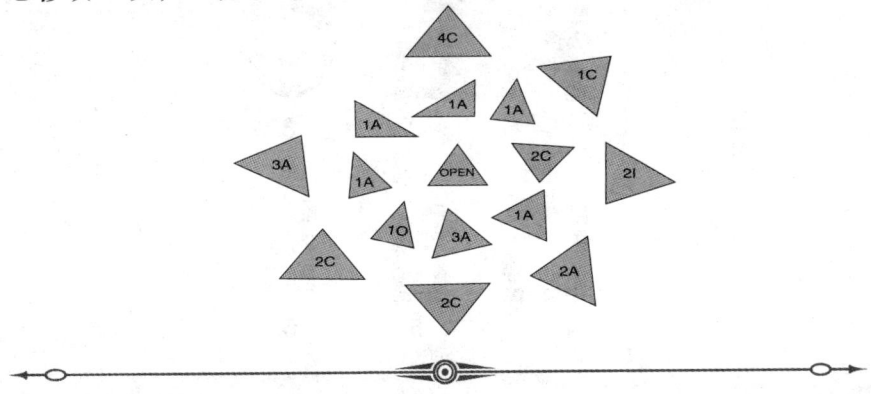

226 看图片找规律

上下翻转下图中的条状框，请问最少需要颠倒几条才可以使每一横行都与其他行含有完全相同的图案？

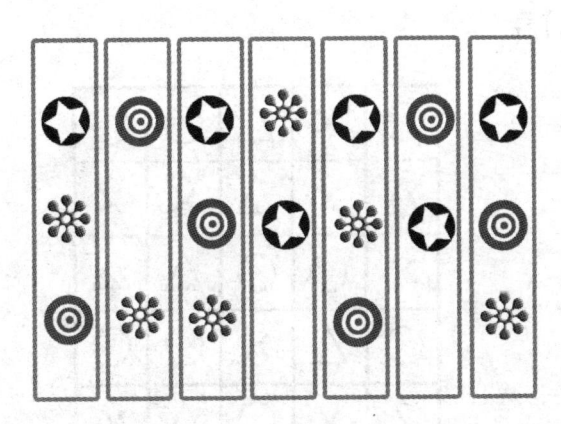

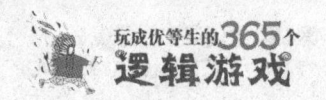

227 神秘符号

下面是一组利用了一些简单的几何原理组成的神秘符号。

请试着找出在这6个符号中,哪一个可以作为第7个符号再次出现而又能不破坏整组符号的内在逻辑?

228 应填入什么符号

如图所示,将符号○、△、×填入25个空格中,每格1个。实际上这是按照某种规律填入的,那么,其中标有"?"的格子应该填入什么符号?

229 不相称的图

图中的哪一幅图与其他的图不相称。

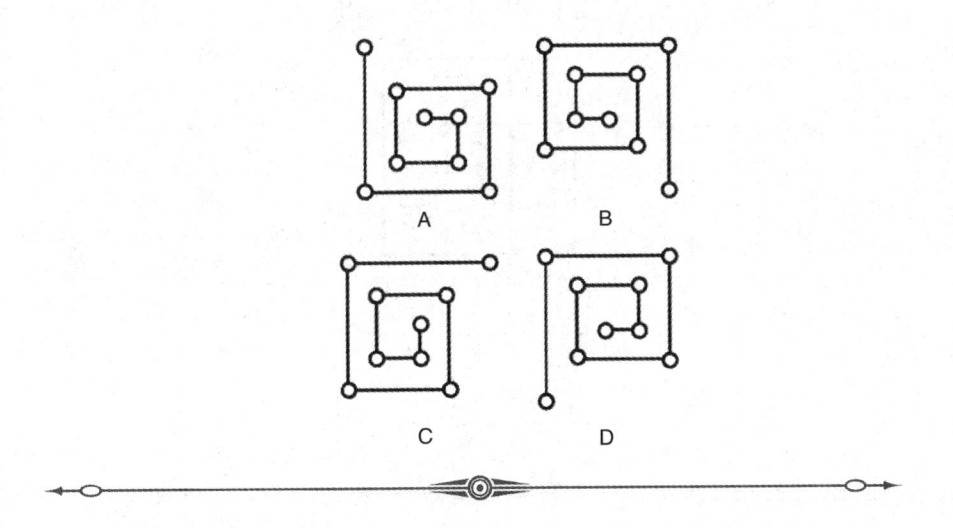

A   B

C   D

230 找不对称图形

对称有上下对称、左右对称和旋转对称。在下面4组图中,有一组与其他三组都不对称,请找出不对称的那一组。

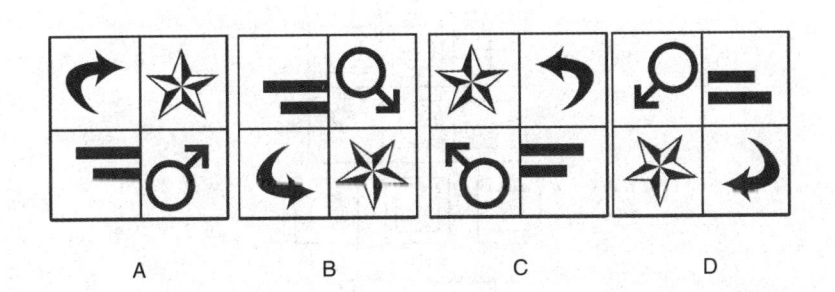

A   B   C   D

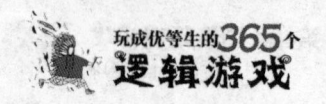

231 图形填空

请仔细观察下面的图形，寻找其中的规律，然后找出A、B、C、D、E、F中哪一个适合下图中的"？"处。

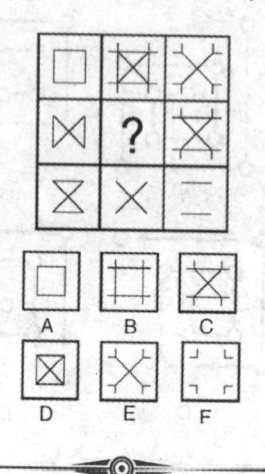

232 右下角是什么图

请仔细寻找下图中的规律，然后找出下图右下角的"？"处应该配上哪一个图形？

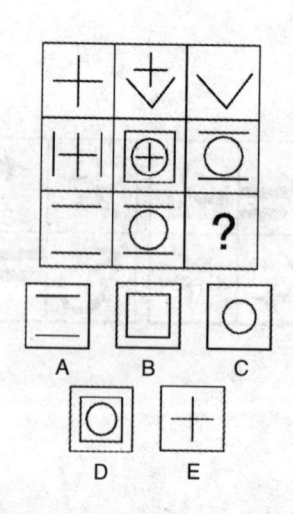

233 奇异金字塔

仔细观察下图中由六边形组成的金字塔图案，寻找其中的规律，然后从左下侧的A—E中选择符合规律的六边形图案放在金字塔顶部的"？"处。请问应该选择哪一个图案呢？

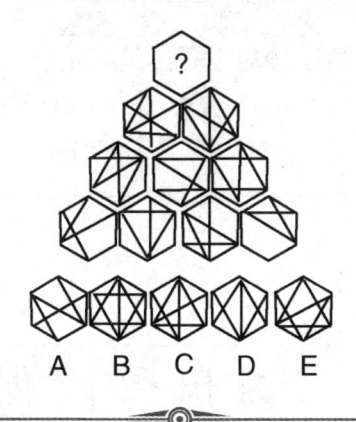

234 金字塔之巅

观察金字塔，塔顶应填入的图形是？

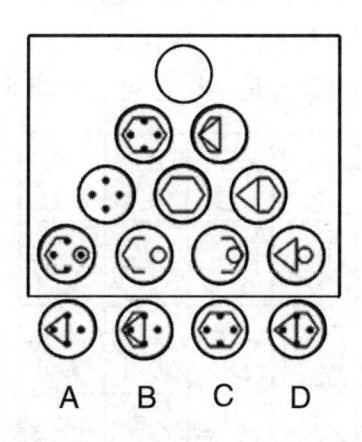

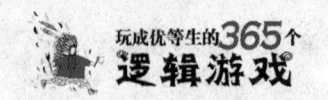

235 金字塔的推理

观察金字塔，下列图形中可以代替问号的是哪一项？

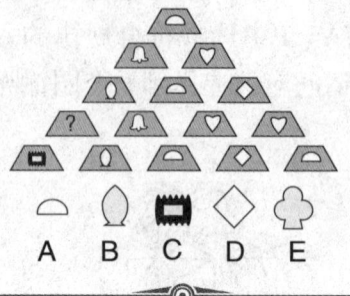

236 找出另类（1）

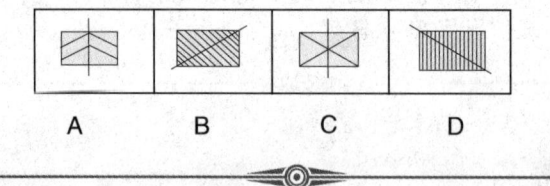

237 找出另类（2）

在4×4表格中，第一行有3个基本图形，第一列也有3个基本图形，行与列对应的图形按照某一规律复合，构成了中间9个图形。但是中间有一个图形的复合是不符合对应规律的，请把它找出来。

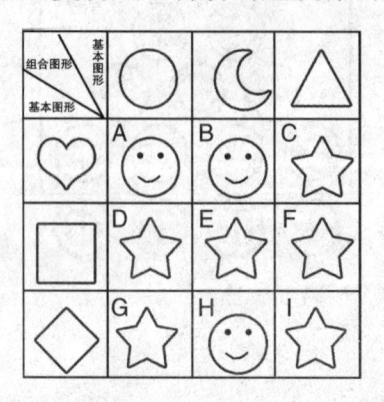

238 找出下一个字符

B	品	太
Б	Φ	θ
O	日	?

δ   日   ω   田
A   B   C   D

---

239 图形延续

下列选项中哪一项是上面序列的延续?

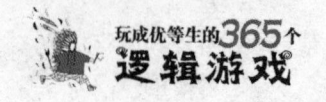

240 方格涂色

下面是一个7×7的正方形，内有49个方格，至少要涂多少个方格，才能使其中每个4×4的正方形内正好都有5个方格涂色。

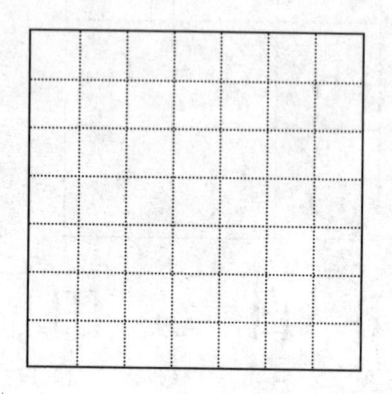

241 涂色游戏

格内有3种表情图，共15个。请用涂深、涂浅和留白3种方法，将图形分成形状相同的5份，每份上要有3种不同的表情图。

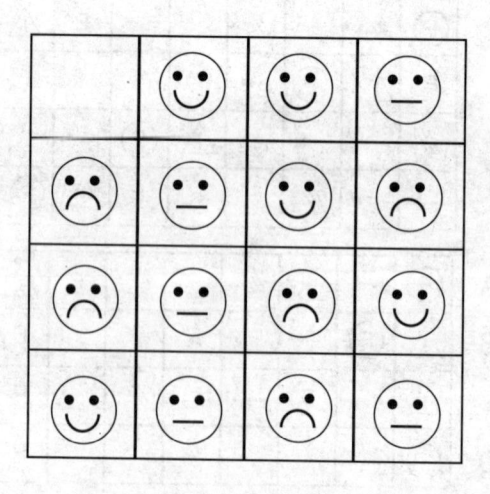

242 胶滚滚涂图案

小明用下图甲的胶滚沿着从左到右的方向将图案滚涂到墙上，右边所给的四个图案中符合胶滚滚涂图案的是哪一个？

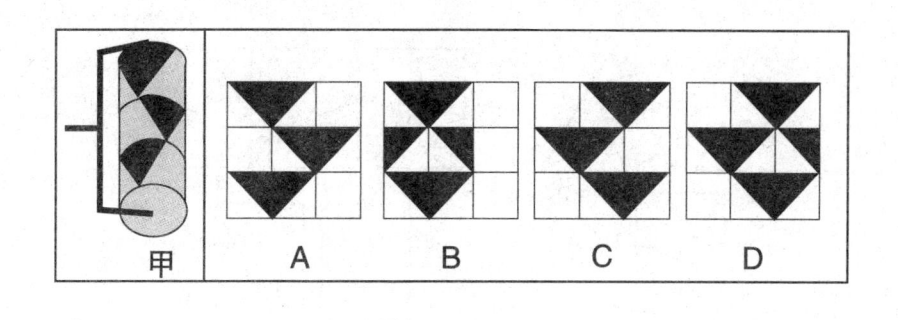

243 巧选图形

请仔细观察下面第一排的图形变化，找出其中的规律，请问，按此规律变化产生的图形序列的下一个，是图形A、B、C、D、E之中的哪一个？

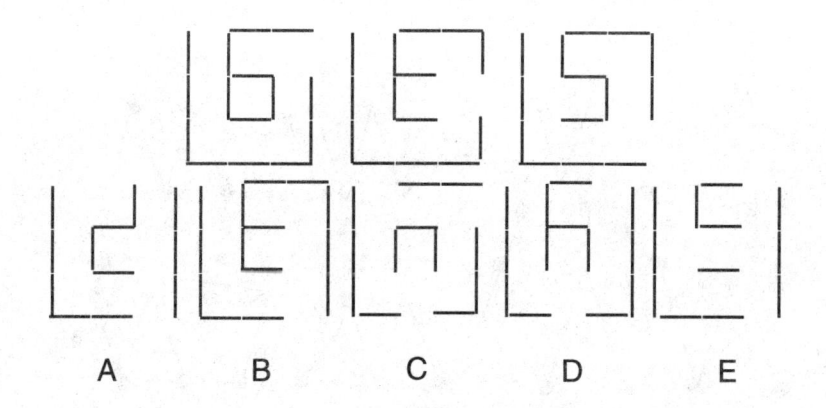

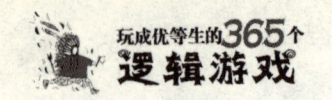

244 选出合适的

根据图1、图2这两幅图案间的关系，找出A、B、C、D、E中适合图3的一幅。

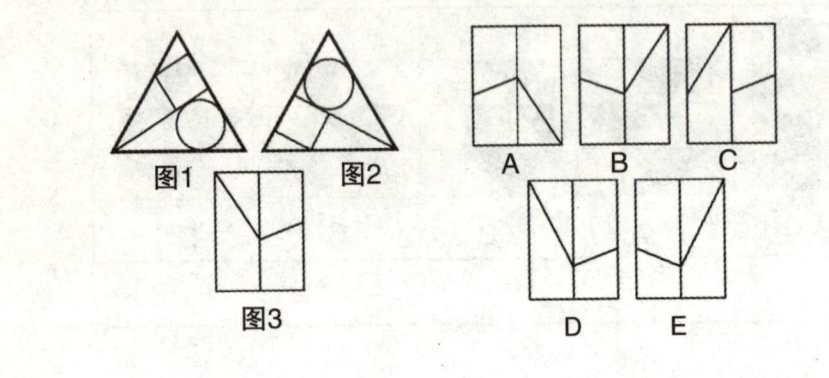

图1　图2
图3
A　B　C
D　E

245 点线组合

下图中的图1到图4是按照一定规律排列起来的，从A、B、C、D、E中挑出一幅，使它也能符合这一规律。

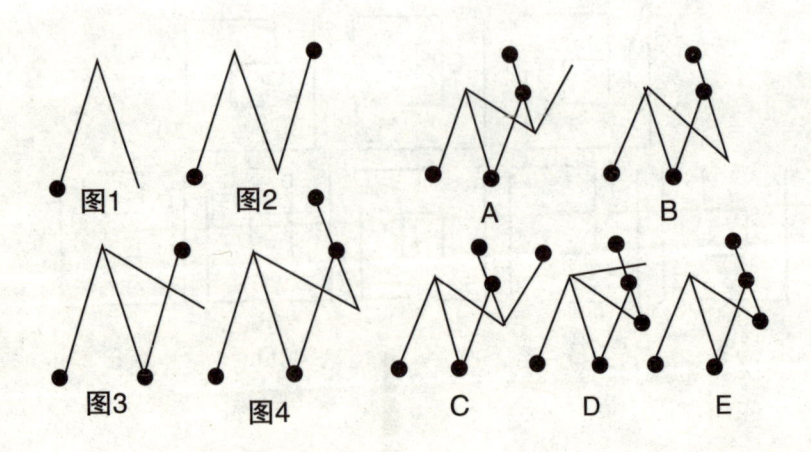

图1　图2
图3　图4
A　B
C　D　E

246 图形匹配

根据图1、图2这两幅图案间的关系，找出A、B、C、D、E中适合图3的一幅。

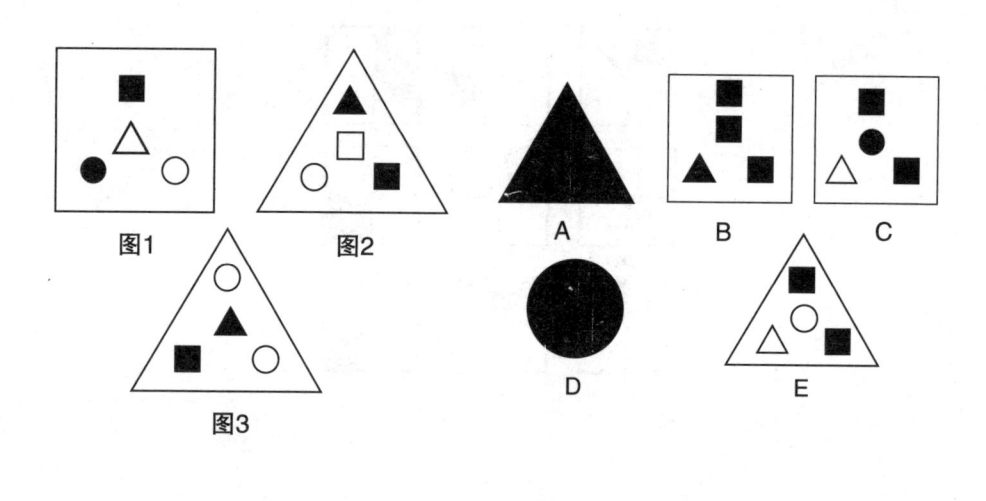

图1　图2

A　B　C

D　E

图3

247 图形规律

仔细观察下面方格图形的每一横排和每一竖排，寻找其中的规律，然后按照这一规律，从下列A、B、C、D、E、F图中找出合适的图形填入下面图形中的空白方格。请问应该选择哪一个图形？

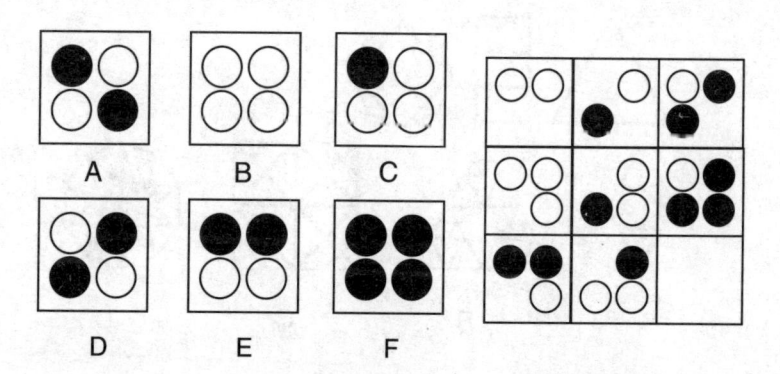

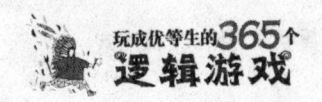

248 正方形的规律

仔细观察下面第一排的3个正方形，寻找其中的规律。然后根据规律从第二排和第三排的A—F中进行选择，看哪一个适合作为下一个图形。

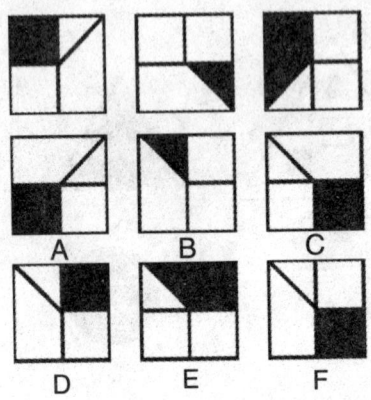

249 找规律

下列4个图形A—D中，哪一个能适应上面三幅图的变化规律？

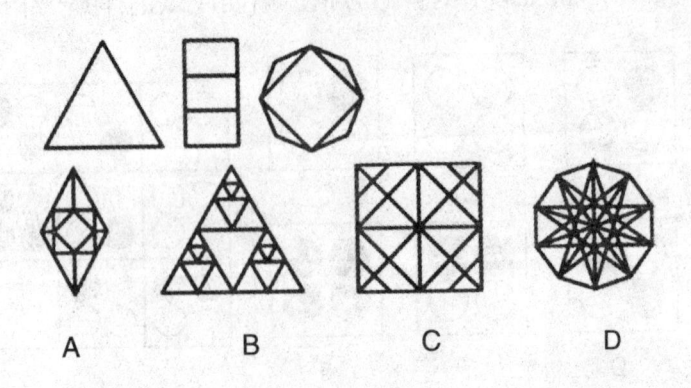

250 巧分三星

请把这个图形划分成形状相同、面积相等的三份，每份上要有一颗星。

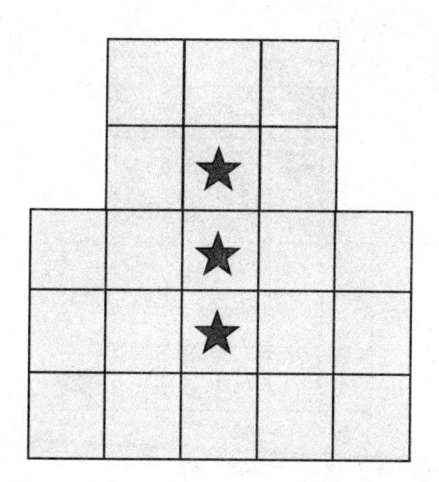

---

251 蜘蛛空间

天花板上面爬有6只蜘蛛，请你给它们划分成形状相同、大小相等的三块，使每块上都有一对蜘蛛。

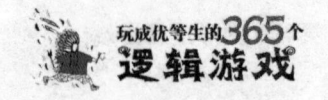

252 等分图形

沿着线条把这个模版分成四部分，使每一部分都包括一个三角形和一颗星。每一部分的形状和大小必须相同，但三角形和位置可以有所变化。你能做到吗？

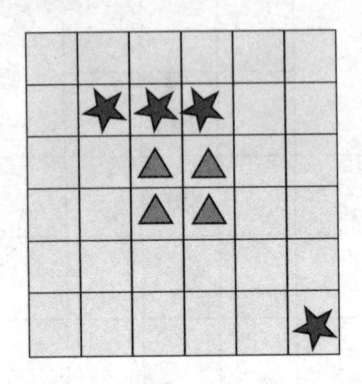

253 十全十美

请你沿着图中的格子线，把圆圈中的数字两个一组地连起来。要求每组中的两个数字之和都等于10，且所有的连线不能交叉或重叠。

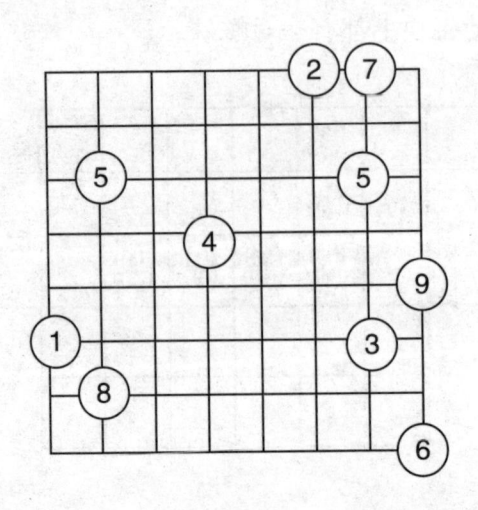

254 心中有数

图中方框内缺少一个3×3正方形，而在方框周围有4个3×3正方形，请从这4个正方形中选择一个填入方框中的空白处，使得形成的5×5方阵图形具有一定的规律。试试看，你能选出来吗？

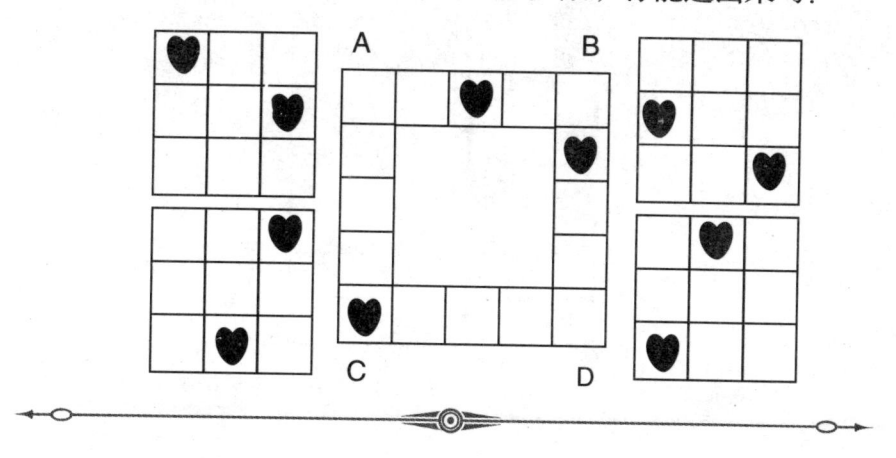

255 智力拼板

图中的3种图形都是两两相邻。想想看，如何把这个正方形划分为形状相同的4块，而且每块上要有3个不同的图形。试试吧！

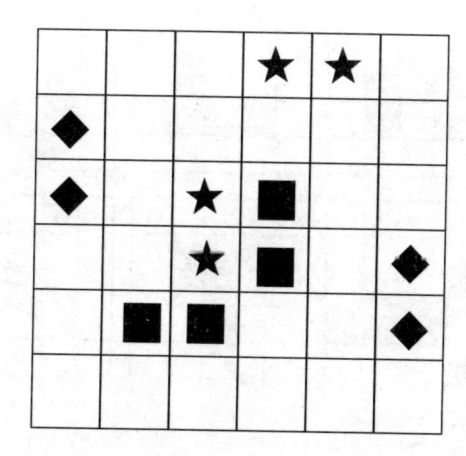

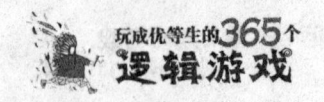

256 四J拼方

图中左边有4个"J"形纸片。想想看，它们可以拼成右边A、B中的哪个图形？

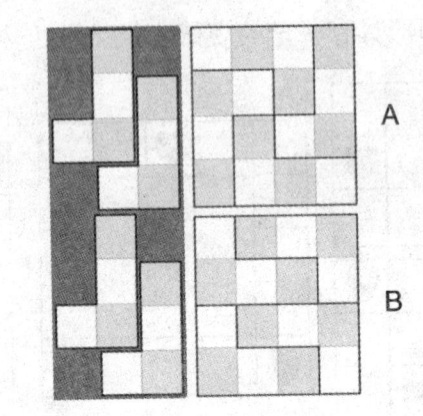

257 最大面积

图中的6个图形，哪个阴影面积最大？

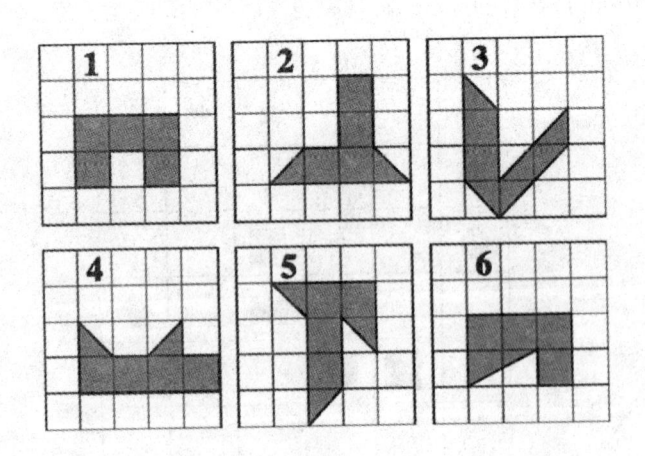

258 有多少个呢

下图中，一共有多少个三角形呢？看仔细啦！

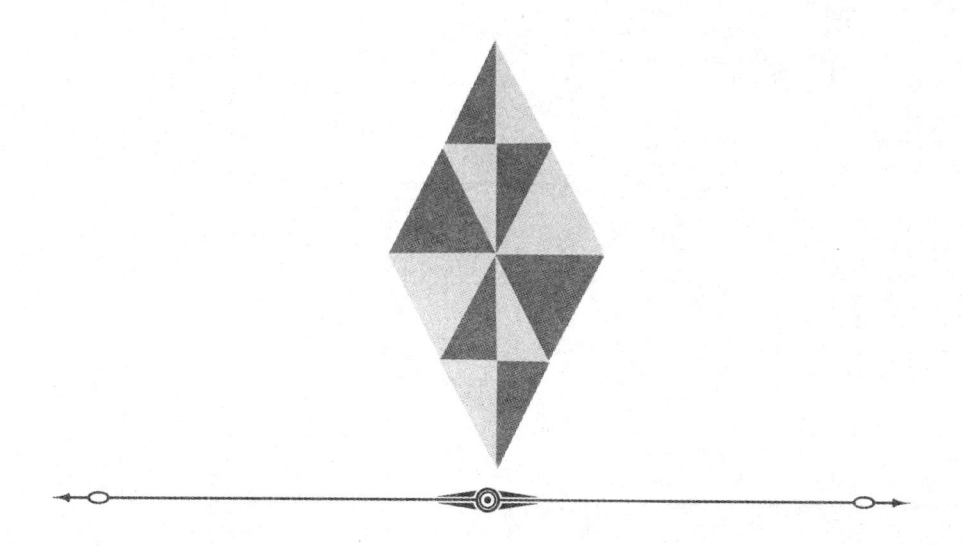

259 复杂图形

请你数一数在下面这个复杂的图形中有多少个正方形？有多少个三角形？

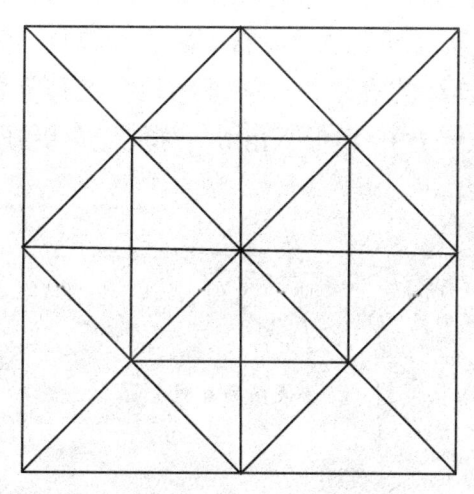

260 找图形

1. 图表中有多少个三角形?
2. 图表中有多少个长方形?
3. 你能够找到多少个六边形?

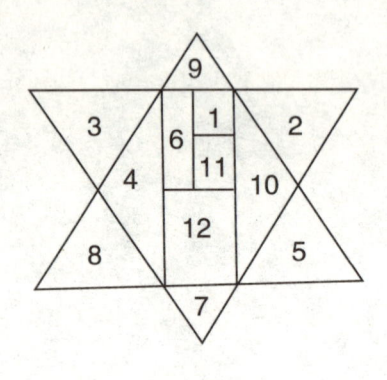

261 更多三角形

如下图所示，画3条连续的直线，能画出1个没有重叠或遮盖的三角形。画4条连续的直线，能画出2个没有重叠或遮盖的三角形。画5条连续的直线，能画出5个没有重叠或遮盖的三角形。

那么画6条连续的直线，你能画出几个没有重叠或遮盖的三角形？图中画出的例子中有4个三角形，你能做得更好吗？

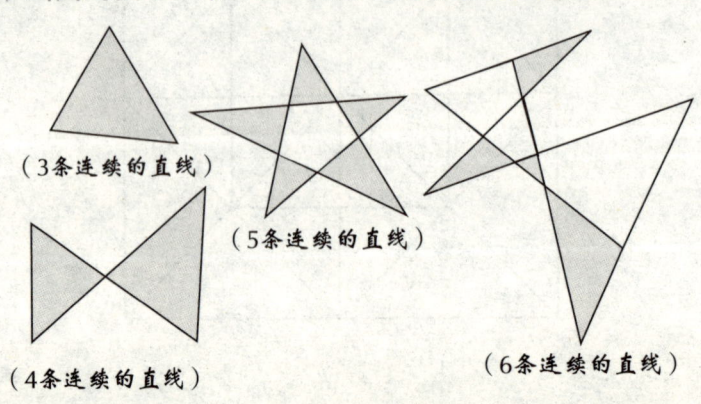

（3条连续的直线）

（5条连续的直线）

（4条连续的直线）

（6条连续的直线）

262 穿过花心的圆

请看下面的图，有一个圆刚好通过一个黑色花瓣、一个灰色花瓣和一个白色花瓣的中心。请问，依据这样的条件可以画出多少个圆？

263 巧妙分蛋糕

如图所示，4刀可将一个圆形蛋糕笔直切成10片。有没有可能再多切出1片，即将蛋糕切成11片？

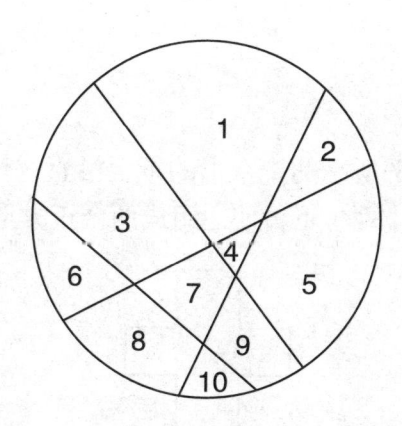

264 剪拼成方

请将这个图形剪成形状、大小完全相等的两份，并拼成一个正方形。

265 巧拼矩形

下面的左图是用12个完全不同的"五方连"（五个方块相连的图形）排列的图案。你能用这12块"五方连"拼出右面的6×10的矩形吗？

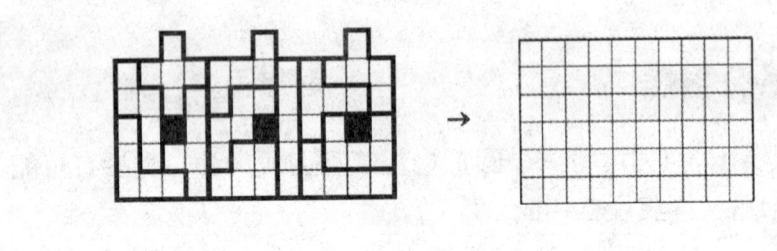

266 两个正方形

如果在一张如图所示的十字形的纸上沿直线切割两次，你能把切割好的纸片重新排列一下，使之组成两个正方形吗？

267 通向数学的捷径

如何将一个正方形剪成如图所示的5部分，再用它们来拼成下列的4个图形？

1. 希腊十字架
2. 菱形
3. 长方形
4. 直角三角形

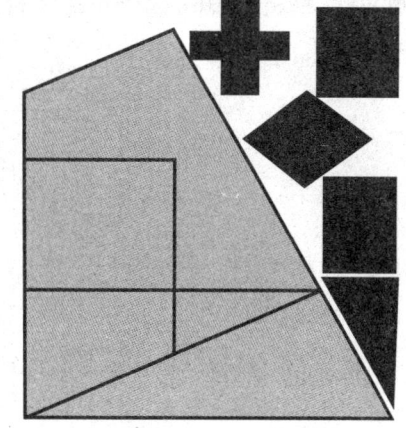

268 趣味看图

请你在夜空的繁星之中，找出A－E五个星座。

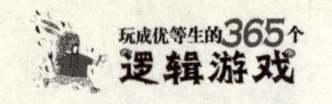

269 环形内外

图中的黑线构成一个封闭环形。请你指出哪些点在环形里面，哪些点在环形外面。其实，有一个比沿着复杂环形绕圈更好的方法，你知道吗？

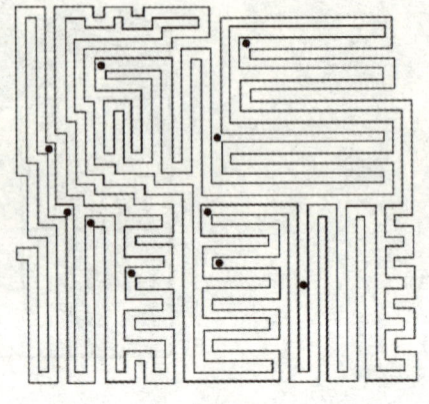

270 侧影拼图

下面的6块拼图可以拼出一个正在踢球的运动员的形象。你知道应该怎么拼吗？

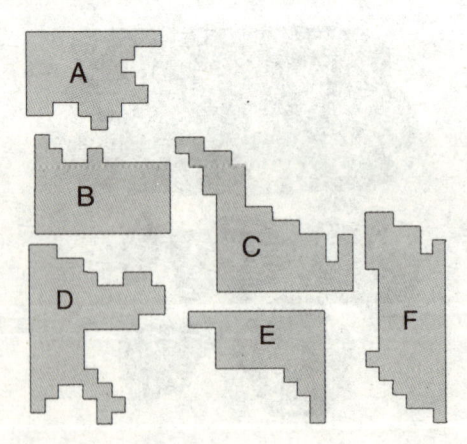

271 难倒大侦探

大侦探到底遇到了什么难题？你能按照图中的线索找到答案吗？

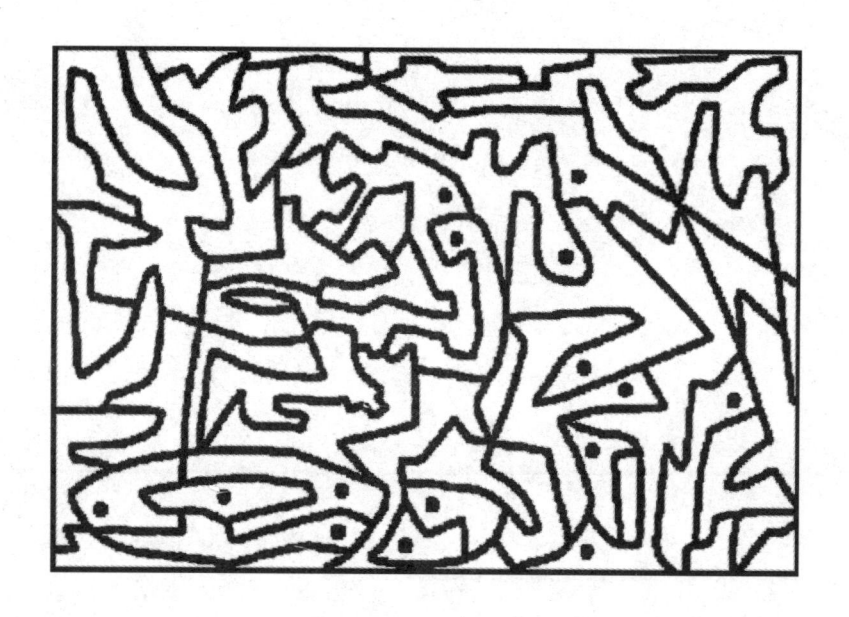

第5章　逻辑探案游戏

许多朋友对《尼罗河上的惨案》、《阳光下的罪恶》等推理影片推崇备至，对于《东方快车谋杀案》、《福尔摩斯探案集》等推理小说更是如数家珍。这些影片、小说之所以引人入胜，不仅仅因为它们情节惊险曲折，悬念迭起，更重要的是人们为其中细致的观察、缜密的推理所折服。这种影片、小说的主人公不是身怀绝技、飞檐走壁的大侠，而是精于观察、善于推理、语言幽默的大侦探。他们从一系列的事实出发进行严密的推理，以此揭示情节的发展过程和结局。

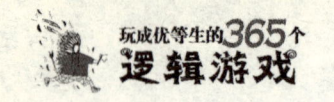

272 是否有罪

有一家大百货商店被人盗窃了一批财物。警察局经过侦查，拘捕了3个重大的嫌疑犯：山姆、汤姆与吉宁士。后来，又经过审问，查明了以下的事实：

1. 罪犯带着赃物坐车逃掉。
2. 不伙同山姆，吉宁士决不会作案。
3. 汤姆不会开汽车。
4. 罪犯就是这三个人中的一个或一伙。

此案中，山姆有罪吗？

273 该释放谁

看守所的看守亨利对刚来的值班警官说道："真糟糕！昨天伯金斯下班时留下便条，说昨晚，他抓了两个打扮成牧师的流氓，其中一个是骗子，另一个是赌棍。可我今天早上接班时，却发现1号、2号、3号单人牢房关着的都是牧师打扮的人。其中一个似乎真是牧师，他是来监狱探望犯人的。可我实在分不清谁是牧师，谁是牧师打扮的流氓和骗子了。"

"去问问他们嘛，"警官建议道，"相信真正的牧师总是会讲实话的。""这话倒是不错，可我要是正好问到骗子呢？据伯金斯说，这个骗子是个撒谎的老手，他从来不讲真话；而那个赌棍撒不撒谎要看形势对他是否有利。"看守亨利说道。随后警官和看守亨利一起来到了单人牢房前。

"你是什么人？"警官问关在1号牢房里的人。"我是一个赌棍。"这人答道。

警官又走到2号牢房门前，问："关在1号的那个是什么人？""骗子！"2号牢房里的人回答道。

警官又问3号牢房里的人："你说，关在1号的是什么人？"3

号牢房里的人回答说："他是个牧师！"

警官想了想，转身对看守说："很明显，你最好释放……"

请问：关在1、2、3号牢房里的分别是什么人？

274 谁是凶手

派克和艾德终于找到了抢劫银行的歹徒藏匿的地方。两人试图潜入歹徒躲藏的302室。突然，大门开启，跑出4名男子对派克和艾德开枪。派克被4发子弹击中，不幸牺牲。歹徒却逃走了。

经过调查，这4个歹徒的名字是曼逊、丹、里克和卡尔。而从派克身上取出的子弹经检查都是从一把手枪中射出的，所以凶手是4人中的一个。警察还调查到：

1. 4人中，有一人曾担任过法语老师，他是这群歹徒的首领。
2. 里克一直在巴结首领，但首领却不大信任他。
3. 丹、卡尔和首领的妻子，3人是手足关系。
4. 射杀派克的凶手和首领是好友，他俩曾在同一牢狱中服刑。
5. 抢劫银行时，卡尔和枪杀派克的凶手比其他人出力更多，所以2人都多拿了2万美元。

根据这些线索，你知道是谁射杀了派克吗？

275 警方判断

某地发生一起特大黄金珠宝盗窃案。经证人指证及其他线索，警方知道有2名罪犯，并找到了鲍尔、达利、刘易斯、吉姆、凯特、史密斯6名嫌疑人。

在对嫌疑人分别讯问时，有4人各说对了一个罪犯的名字，有一个人说的全不对。他们分别交代的内容如下：

鲍尔：是凯特和达利作的案。

达利：是鲍尔和吉姆作的案。

刘易斯：是史密斯和达利作的案。
吉姆：刘易斯和鲍尔作的案。
凯特：鲍尔与史密斯作的案。
史密斯：我不知道。

经过警方的分析和确认，他们最后认定这起盗窃案是由鲍尔和凯特联合作的案。

请问：警方的判断是否正确？

276 警长判案

警官史特勒手持一份案件的卷宗走进了警长格奥格的办公室，将其恭恭敬敬地放在上司的桌上。

"警长，4月14日夜12时，位于塔丽雅剧院附近的一家超级商厦被窃去大量贵重物品，罪犯携赃物驾车离去。现已捕获了a、b、c三名嫌疑犯在案，请指示！"

格奥格警长慈祥地看了得力助手一眼，翻开了案卷，只见史特勒在一张纸上写着：

"事实1：除a、b、c三人外，已确定本案与其他任何人都没有牵连。

事实2：嫌疑犯c假如没有嫌疑犯a作帮凶，就不能到那家超级商厦作案盗窃。

事实3：b不会驾车。

请证实a是否犯了盗窃罪？"

格奥格警长看后哈哈大笑，把史特勒笑得莫名其妙。然后，格奥格三言两语就把助手的疑问给解决了。

请问，警长是怎样判案的呢？

277 张三有罪吗

有一家大百货商店被人盗窃了一批财物。警察局经过侦察，拘捕了3个重大的嫌疑犯：张三、李四与王五。后来，又经过审问，查明了以下的事实：

1.罪犯带着赃物是坐车逃掉的。

2.不伙同张三，王五决不会作案。

3.李四不会开汽车。

4.罪犯就是这三个人中的一个或一伙。

请你概括分析一下，在这个案子里，张三有罪吗？

278 是否参与作案

某仓库被盗，大批商品在夜间被罪犯用汽车偷运。3个嫌疑犯甲、乙、丙被警方传讯。警方已经掌握了以下事实：

1.罪犯不在甲、乙、丙3人之外。

2.丙作案时总得有甲做从犯。

3.乙不会开车。

甲是否参与作案？

279 珠宝商店失窃案

某珠宝商店失窃，甲、乙、丙、丁4人涉嫌被拘审。4人的口供如下：

甲：案犯是丙。

乙：丁是案犯。

丙：如果我作案，那么丁是主犯。

丁：作案的不是我。

4个口供中只有一个是假的。

如果以上断定为真，则以下哪项是真的？

A. 说假话的是甲，作案的是乙。

B. 说假话的是丁，作案的是丙和丁。

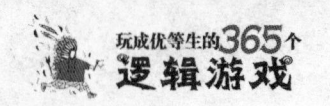

C. 说假话的是乙，作案的是丙。
D. 说假话的是丙，作案的是丙。

280 杀人犯、抢劫犯和无辜者

3个大汉站在警长的面前，其中有一个是永远讲真话的无辜者，有一个是永远撒谎的杀人犯，有一个是时而撒谎、时而讲真话的抢劫犯。这3个人分别说了如下的3句话：A：我是抢劫犯。B：A说的是实话。C：我不是抢劫犯。

听了这3句话之后，警长立即断定A、B、C各为何种人。为什么？

281 找出武器

警察局的桌子上放着4个盒子。每个盒子上都有一张纸条，分别写着一句话。

A盒子上写着：所有的盒子里都有武器。
B盒子上写着：本盒子里有手枪。
C盒子上写着：本盒子里没有匕首。
D盒子上写着：有些盒子里没有武器。

如果这里只有一句话是真的，你能断定从哪个盒子里能拿出武器来吗？

282 谁是领头

警察在车厢里发现一伙人赌博，他们是张三、李四、王五、阿七。在审问他们谁是头时，他们的回答各不相同。

张三：头是王五。
李四：我不是头。
王五：李四是头。

阿七：张三是头。

经过了解，这一伙人中只有一个人说的是实话，其他三人说的都是假话。

你知道他们中的头是谁吗？

283 嫌犯家庭的性别组成

某嫌疑犯一家人有甲、乙、丙、丁、戊、己、庚兄弟姐妹7人。只知道甲有3个妹妹，乙有1个哥哥，丙是女的，她有2个妹妹，丁有2个弟弟，戊有2个姐姐，己也是女的，但她和庚没有妹妹，请想想，这7个人中，哪个是男，哪个是女？

284 家庭谋杀案

一个四口之家中发生了谋杀案。一对夫妇和他们的一儿一女中，有一个人杀死了另一个人，第三个人是谋杀的目击者，第四个人是从犯。此外，这4个人中：

1. 从犯和目击者是异性。
2. 年龄最大者和目击者是异性。
3. 年龄最小者和死者是异性。
4. 从犯比死者年龄大。
5. 父亲年龄最大。
6. 凶手不是年龄最小者。

这家的四口人中，谁是凶手？

285 姻亲关系

在一起集体犯罪案件中，警长得知A、B、C、D、E5个嫌疑犯为亲戚关系，其中4个人每人讲了一个真实的情况：

1.B是我父亲的兄弟。

2.E是我的岳母。

3.C是我女婿的兄弟。

4.A是我兄弟的妻子。

上面提到的每个人都是这5个人中的一个（例如：当有人说"B是我父亲的兄弟"，你可以认为"我父亲"以及"我父亲的兄弟"都是A、B、C、D、E5人中的一个）。

上述四种情况各出自哪一人之口，这5个人的关系如何？

286 星期几干的

一个犯罪团伙刚做完一起案件，但他们忘记是星期几干的了，于是聚在一起讨论。

张三：后天星期三。

李四：不对，今天是星期三。

王五：你们都错了，明天是星期三。

赵六：今天既不是星期一也不是星期二，更不是星期三。

刘七：我确信昨天是星期四。

孙八：不对，明天是星期四。

周九：不管怎样，昨天不是星期六。

他们之中只有一个人讲对了，是哪一个呢？今天到底是星期几？

287 对号入座

犯罪团伙开始聚餐了，有A、B、C、D、E、F6人坐在一张圆桌上。由于6人之间矛盾重重，因此有些人是不能挨着坐的。已知E与C相隔一人，且在C的右面（如图），D坐在A对面，F与A不相邻，B在F的右面。A、B、D、F各坐什么位置？

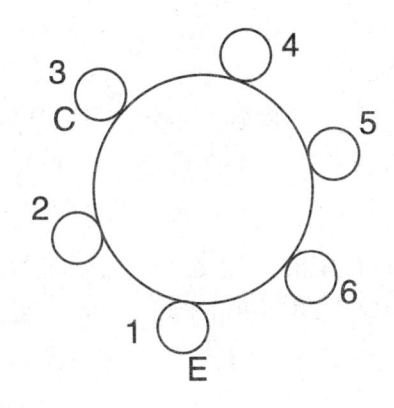

288 三个珠宝箱

"请收我当您的徒弟吧，我十分想拜您门下当徒弟。"某日，一个青年来到黑老大的住处诚恳地请求说。

"要想当我的助手，必须经过考试才行。那么，先出个题考考你吧。"黑老大说着拿出3个完全一样的珠宝箱，放到桌子上，箱盖上分别别着签，上面写着钻石、红宝石、蛋白石。

"可是，箱子里装的东西与外面的标签内容完全不同。现在不知道哪个箱子里装的是钻石，哪个里面是红宝石和蛋白石，要想使箱外的标箱与箱内的东西一致，你至少要打开其中的几个箱子才能搞清楚？你如果能答对我就答应你作我的徒弟。"

你知道至少要打开其中的几个箱子吗？

289 竞选黑老大

某犯罪团伙开始竞选黑老大了，H曾为参加或不参加竞选的问题发愁了很久。想来想去拿不定主意，最后他想，还是听命于天吧。于是向两位高明的算命先生A、B请教。

A讲完他的话之后，说："我所说的有60%正确。"

B讲完他的话之后，说："我所说的只有30%正确。"

结果，他就依照B的占卦去办了。为什么呢？

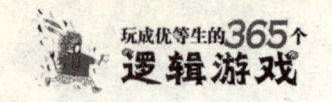

290 藏宝图

犯罪团伙的黑老大突然捡到一张藏宝图。喜欢冒险的黑老大于是跑去找宝藏，并且找到了两个奇怪的大箱子和一张字条。

字条上面写着："这是我生前珍藏的黄金宝物。我将黄金装在其中一个箱子里，我希望能将黄金宝物传给有智慧的人。如果你的IQ有130以上，相信这个问题难不倒你，不过如果你没有，你还是趁早离开吧，否则开错箱子，你就将永远与我为伴了……哈！哈！哈！ 黄金老人留。"

黑老大接着看到两个箱子上也有字条：

甲箱：乙箱上的字条是真的，而且黄金在甲箱。

乙箱：甲箱的字条是假的，而且黄金在甲箱。

如果你是黑老大，你会决定打开哪一个箱子呢？

291 警察局里的拔河比赛

某警察局举行拔河比赛，所有警察分为甲、乙、丙、丁4个小组。当甲、乙两组为一方，丙、丁两组为另一方的时候，双方势均力敌，不相上下。但当甲组与丙组对调以后，甲、丁一方就轻而易举地战胜了丙、乙一方。然而，分组较量时，甲、丙两组均负于乙组。这四组中，谁的力气最大？

292 谁是最佳警员

A、B、C、D、E、F、G和H8位警员竞争最佳警员。由一个专家小组投票，票数最多的将获最佳警员。

如果A的票数多于B，并且C的票数多于D，那么E将获得最佳警员。

如果B的票数多于A，或者F的票数多于G，那么H将获得最佳警员。

如果D的票数多于C，那么F将获得最佳警员。

如果上述断定都是真的，并且事实上C的票数多于D，并且E并没有获得最佳警员，以下哪项一定是真的？

1. H获奖。

2. F的票数多于G。

3. A的票数不比B多。

4. B的票数不比F多。

293 黑老大的行踪

胡梭、巴道两人是黑老大梅友赤的保镖。为了确实保障老大的安全，他们决定把梅友赤每天的行踪弄得神秘兮兮。于是作出如下的约定：

1. 每逢星期一、二、三，胡梭说谎。

2. 每逢星期四、五、六，巴道说谎。

3. 两人在其他的时间里都说真话。

某天，砂仁泛有急事找梅友赤，他知道只有胡梭、巴道两人知道梅友赤的行踪，也知道他们俩说谎话的时段，但却不知道哪一个人是胡梭，哪一个人是巴道。因此就想，要找到梅友赤一定要问他们，而要问出对的答案就必须先知道那天是星期几。如果是星期一、二、三，就不能问胡梭，如果是星期四、五、六，就不能问巴道。而如果是星期天则问谁都可以。砂仁泛便问他们俩："昨天是谁说谎的日子？"结果两人都回答说："昨天是我说谎的日子。"

请问，砂仁泛要找梅友赤的那天是星期几？

294 是谋杀吗

甲中毒死亡，3个嫌疑人乙、丙、丁被警方讯问。

乙说：如果这是谋杀，那么一定就是丙干的。

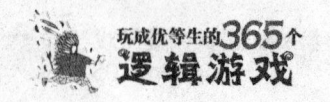

丙说：如果这是谋杀，凶手绝对不是我。

丁说：如果甲不是死于谋杀，那肯定就是自杀。

通过调查，警方了解到：如果这些人中只有一个人说谎，那么甲就是自杀的。

那么甲究竟是怎么死的？是自杀？是被谋杀？还是因意外事故而死？

295 箱子里的东西

警察局的桌子上有4个箱子，每个箱子上写着一句话。第一个箱子上写着"所有的箱子中都有凶器"；第二个箱子上写着"本箱子中有卷宗"；第三个箱子上写着"本箱中没有遗物"；第四个箱子上写着"有些箱子中没有凶器"。

如果其中只有一句真话，那么下面哪一句话成立？

1. 所有的箱子中都有凶器。
2. 所有的箱子中都没有凶器。
3. 有些箱子中没有凶器。
4. 第三个箱子中有遗物。
5. 第二个箱子中有卷宗。

296 叽里咕噜

有个法院开庭审理一起盗窃案件，某地的A、B、C3人被押上法庭。负责审理这个案件的法官是这样想的：肯提供真实情况的不可能是盗窃犯；与此相反，真正的盗窃犯为了掩盖罪行，是一定会编造口供的。因此，他得出了这样的结论：说真话的肯定不是盗窃犯，说假话的肯定就是盗窃犯。审判的结果也证明了法官的这个想法是正确的。

审问开始了。法官先问A："你是怎样进行盗窃的？从实招来！"A回答了法官的问题："叽里咕噜，叽里咕噜……"A讲的是某地的方言，法官根本听不懂他讲的是什么意思。法官又问B和C："刚才A是怎样回答我的提问的？叽里咕噜，叽里咕噜，是什么意思？"B说："禀告法官，A的意思是说，他不是盗窃犯。"C说："禀告法官，A刚才已经招供了，他承认自己就是盗窃犯。"B和C说的话法官是能听懂的。听了B和C的话之后，这位法官马上断定：B无罪，C是盗窃犯。

请问：这位法官为什么能根据B和C的回答，概括作出这样的判断？A是不是盗窃犯？

297 Bal和Da是什么意思

说谎岛上住着两种外表一样而品德截然相反的人：一种人总是说真话，而另一种人却总是说假话。

这个岛的语言，同世界上任何其他语言都不一样。例如，当人们提出一个要他们回答"是"或"不是"的问题时，他们就用"Bal"或"Da"来回答。问题在于，岛外的人都不知道"Bal"是表达"是"，还是"不是"。例如，如果问他们中的一个人："Bal"是否指"是"？他们只是回答说"Bal"或"Da"。

警长琼斯先生在这个岛旅游，得知这种情况后，决心彻底弄清"Bal"和"Da"到底是什么意思。有一天，他遇见一个土著。当然，从外表上，琼斯无法判定这个土著是哪种人。琼斯就想借助这个土著，确定"Bal"或"Da"指的是什么。于是，他就向这个土著提出一个问题，这个土著回答说"Da"。琼斯根据这个土著的回答，马上就推断出"Bal"和"Da"各是什么意思了。

请问：警长琼斯提的是什么问题？"Bal"和"Da"各是什么意思？

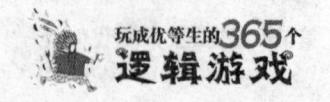

298 嫌疑犯的血型

张三、李四、小赵、小钱4个嫌疑犯的血型别分是A型、B型、O型、AB型4种血型中的一种，而且各不相同。根据四人自述：

张三说：我是A型。

李四说：我是O型。

小赵说：我是AB型。

小钱说：我不是AB型。

其中有三人讲的是对的，只有一人把自己的血型记错了。你能推理出究竟是谁记错了吗？

299 并非办案干练

甲、乙和丙是3位杰出的女警员，她们各有一些令人注目的特点。

1.恰有两位非常聪明，恰有两位十分漂亮，恰有两位多才多艺，恰有两位办案干练。

2.每位女警员至多只有3个令人注目的特点。

3.对于甲来说，下面的说法是正确的：如果她非常聪明，那么她也办案干练。

4.对于乙和丙来说，下面的说法是正确的：如果她十分漂亮，那么她也多才多艺。

5对于甲和丙来说，下面的说法是正确的：如果她办案干练，那么她也多才多艺。

哪一位女警员并非办案干练？（提示：判定哪几位女警员多才多艺。）

300 狱卒看守囚犯

一个狱卒负责看守人数众多的囚犯。吃饭时，他得安排他们分别坐在一些桌子旁边。入座的规则如下：
1. 每张桌子坐着的囚犯人数均相同。
2. 每张桌子所坐的人数都是奇数。
在囚犯入座后，狱卒发现：
每张桌子坐3个人，就会多出2个人。
每张桌子坐5个人，就会多出4个人。
每张桌子坐7个人，就会多出6个人。
每张桌子坐9个人，就会多出8个人。
但当每张桌子坐11个人时，就没有人多出来。
那么，实际上一共有多少个囚犯？

301 囚犯和头发的数量

在A监狱，假设以下关于该监狱囚犯的断定都是事实：
1.没有两个囚犯的头发的数量正好一样多。
2.没有一个囚犯的头发正好是518根。
3.囚犯的总数比任何一个囚犯头上的头发的总数要多。
那么，A监狱囚犯的总数最多不可能超过多少人？

302 男嫌犯的家庭情况

某警局的卷宗上记录，每100个男嫌犯中有85人已婚，70人有电话，75人有汽车，80人有自己的房子。我们以100个男嫌犯为基数，试问：每100个男嫌犯中拥有电话、汽车与住房的已婚男嫌犯至少有多少人？

303 警车去向

5辆警车要去不同的地点执行训练任务。每辆车的后面都贴有该车的目的地的标志，每个警员司机都知道这5辆车有2辆开往A市，有3辆开往B市；并且他们都只能看见在自己前面的车的标志。警长听说这几位警员司机都很聪明，没有直接告诉他们的车是开往何处的，而让他们根据已知的情况进行判断。他先让第三个警员司机猜猜自己的车是开往哪里的。这个警员司机看看前两辆车的标志，想了想说"不知道"。第二辆车的警员司机看了第一辆车的标志，又根据第三个警员司机的"不知道"，想了想，也说"不知道"，第一个警员司机也很聪明，他根据第二、第三个警员司机的"不知道"，做出了正确判断，说出了自己的目的地。问：第一个警员司机是开往哪儿去的？

304 嘉利与珍妮

嘉利与珍妮是姐妹俩，关押在丛林监狱里，一个因为偷窃超级市场的货物而被捕，一个则因为吸毒而被拘留，两人凑巧关在同一间牢房里。在愚人节这一天，姐妹俩约定：姐姐嘉利在上午说真话，下午说假话；妹妹珍妮在上午说假话，下午说真话。

嘉利与珍妮姐妹俩外貌酷似，只是高矮略有差别，简直分不清谁是姐姐，谁是妹妹。所以，当监狱的看管进牢房提审嘉利时，他也弄糊涂了。但是他知道在这一天姐妹俩的约定。

他问道："你们俩哪个是嘉利？"

"是我！"稍高的一个回答说。

"是我！"稍矮的的一个也这样回答。

看管更加糊涂了。考虑了一会儿以后，他提出了一个问题："现在是几点钟呢？"稍高的一个回答说："快到正午12点了。"稍矮的一个回答说："12点已经过了。"根据两人的答话，聪明的看管马上就推断出了哪个是嘉利。

请问：看管到牢房去是在上午，还是在下午？个子稍高的那个是嘉利，还是珍妮？

第6章 趣味逻辑游戏

　　生活中,逻辑无处不在。无论我们是有意还是无意,逻辑无时不在服务于我们的生活。日常生活中的许多趣事,可以作为逻辑命题的素材。广义的逻辑思维训练存在于我们生活的方方面面,可以说每个人从一出生就开始接受逻辑思维训练,小的时候家长会教育孩子什么可以做,什么不可以做;上学后老师会教育学生什么是对的,什么是错的;走入社会后公司会教育员工应该怎么做,不应该怎么做等等。事实上所有这些都是一种逻辑思维训练,它使人们明白由一个自然人成为一个社会人所必须遵守的一些主观和客观规则。

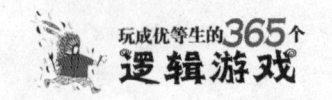

305 巧得一千元

父亲对儿子说："这里有一千元，如果你能猜到我正在想的事，便可获得这一千元。"儿子当然希望得到那一千元，便不断思索，终于有一个好办法。当父亲听完儿子的答案，"嗯"的一声，不得不把这一千元给了儿子。那么，儿子的好办法是什么呢？

306 她能离婚吗

美国艺术界的离婚率高得出奇。一名女画家对一名律师说："我们夫妻俩对每件事的意见都有分歧，一年到头吵个不停。我想离婚，行不行？"律师考虑了一下，回答说："那是不可能的。"你知道律师这样回答的根据是什么吗？

307 乱配鸳鸯

3位男青年A、B、C在"五一节"这天即将与3位少女甲、乙、丙结婚。有个好事的人前去向他们探听各人的配偶。A说他要娶的是甲姑娘。再去问甲，甲姑娘却说她将嫁给C。去问C，C回答说他是与丙姑娘结婚。问者一时被搞得莫名其妙，直到他们六个人举行婚礼时才弄清楚了真相。原来A、甲、C三人说的都不是真话。你能推理出到底谁与谁结为夫妻了吗？

308 他们是什么关系

有A、B、C、D、E5个亲戚，其中4个人每人讲了一个真实情况，如下：

1. B是我父亲的兄弟。
2. E是我的岳母。

3. C是我女婿的兄弟。

4. A是我兄弟的妻子。

上面说话的每个人都是这5人中的一个。请问，这5人分别是什么关系？

309 孰男孰女

有这样一个家庭，其成员只有甲、乙、丙、丁、戊、己、庚兄弟姐妹7人。在7人中，只知道：①甲有3个妹妹；②乙有1个哥哥；③丙是女的，她有2个妹妹；④丁有2个弟弟；⑤戊有2个姐姐；⑥己是女的，她和庚都没有妹妹。你能判断出这个家庭中有几男几女，谁是男谁是女吗？

310 性别组合

在某篇论文中这样写着："调查结果表明，在X国里4兄弟姐妹居多数。当然可以认为在4人中，2男2女组合是比较多的。"看完这段话，张博士十分生气地说："简直是模棱两可的混账话。"请问，张博士为什么这么生气呢？

311 说反话的外星人

A星球和B星球是正好相反的两个星球。A星球上男的都说谎，女的都说真话；而B星球上女的都说谎，男的却说真话。麻烦的是，A星球人和B星球人长得一模一样，男女之间外表上也没有区别。当A星球人和B星球人混杂在一起的时候，请分别通过一次提问：①区分A星球人与B星球人；②区分男性与女性；③辨别讲真话的人。但是，由于是异星人，不适合问像"1加1等于2"这种客观真伪的问题。

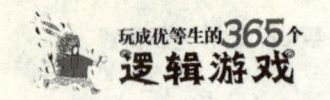

312 正确答案

有A、B、C3人回答同样的7个是非题。按规定：凡答案是"是"，就打上一个〇；答案是"非"，就打上一个×。结果发现，这3个人都答对了5题，答错了2题。A、B、C3人所答的情况如下表所示：

	1	2	3	4	5	6	7
A	×	×	〇	×	×	×	〇
B	〇	×	×	×	×	〇	×
C	〇	〇	〇	〇	×	〇	〇

你知道这7道题目的正确答案是什么吗？

313 得分

有一次测验，老师出了10道是非判断题，每题按10分计分。如果学生认为题中的观点是对的，则以"〇"表示，反之，则以"×"表示。下表中有甲、乙、丙、丁4个学生的答案和老师对甲、乙、丙3个学生的评分。你能据此来评定学生丁的得分吗？

答案顺序 学生	1	2	3	4	5	6	7	8	9	10	得分
甲	〇	×	×	〇	×	×	〇	〇	×	〇	80
乙	×	〇	×	×	×	〇	×	〇	×	×	20
丙	〇	×	〇	〇	×	×	〇	×	〇	〇	70
丁	×	×	〇	×	〇	〇	×	×	〇	×	?

314 谁是冠军

电视上正在进行足球友谊赛的实况转播，参加比赛的国家有美国、德国、巴西、西班牙、英国、法国6个国家。身为足球迷的阿聪、阿明、阿呆对谁会获得此次比赛的冠军进行了一番讨论：阿明认为，冠军不是美国就是德国；阿呆坚定地认为冠军决不是巴西；阿聪则认为，西班牙和法国都不可能取得冠军。比赛结束后，3人发现他们中只有一个人的看法是对的。那么哪个国家获得了冠军？

315 网球对抗赛

有一个公司开展科室间的网球对抗赛，比赛形式是双打。人员可以同性搭配，也可以男女混合搭配。如果出现单数，允许重复上场。营业科王科长手下男性比女性少4人，如果全员参加比赛，会出现重复上场的情况吗？

316 划拳比赛

将4人编为一组，共两个组8个人一起划拳，规定最后有一方即使剩下一个人也算是胜方。为了提高获胜的可能性，应该采取什么样的作战方式才好？

317 赛跑

A、B、C、D4个孩子赛跑，一共赛了4次，其中A比B快的有3次，B比C快的有3次，C比D快的也有3次。大家可能很容易想到D一定跑得最慢。但事实却是，在这4次比赛中，D比A快的也有3次。你能说出这是怎么回事吗？

318 死刑犯

一死刑犯就要行刑，行刑官对死刑犯说："你知道我将怎样处

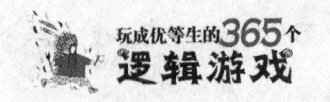

决你吗？猜对了，我可以让你死得好受些，给你吃个枪子。要是你猜错了，那就对不起了，请你尝尝上绞刑架的滋味。"行刑官想："反正我说了算，说你对你就对，说你错你就错。"没想到由于死刑犯聪明的回答，使得行刑官无法执行死刑，这个死刑犯绝处逢生。这个死刑犯是怎样回答的？

319 问的学问

国王把一个外乡人和两个奴隶关在同一间房子里，并告诉他："这间房子有两扇门，从一扇门出去可以获得自由，从另一扇门出去只能沦为奴隶。这两个奴隶，一个从来不说谎话，另一个却从来不说真话。"说完，转身就走了。外乡人事先根本不知道从哪扇门出去可以获得自由。这间房子里只有两个奴隶知道门的秘密。按照国王的规定，这个外乡人只能向其中一个奴隶询问，只能提一个问题，而且他不知道两个奴隶中哪一个是说真话的。你知道这个外乡人用什么方法才使自己重新获得自由的吗？

320 取金环

阿凡提给老财主打工，但老财主既想让阿凡提干活，又想赖掉工钱，他就想出了这么一个办法。老财主对阿凡提说："这串金链共有7个环，作为你7天的工钱，你每天必须取走一环，但只准你打开一个环，如果办不到，就扣除你的全部工钱。"聪明的阿凡提想了想便一口答应了。7天过去了，阿凡提一环不少地取走了金链。你知道阿凡提是怎样断开金链的吗？

321 投票方案

某市3位议员A、B、C在市议会分配总额4亿元的预算。预算分配共有甲、乙、丙3个方案，按照各个方案，各人所能分得的预算如表所示（单位：亿元）。

首先，就甲方案和乙方案进行投票表决，得票多者胜出，然后再就胜出方案和丙方案进行投票表决，依然是得票多者胜出。那么A议员应该如何投票才能确保获得较多的拨款呢？

议员	甲	乙	丙
A	2	1	0
B	1	0	2
C	1	3	2

322 找翻译

现有A、B、C3国语言完全不通的代表召开一国际会议，这就需要懂A、B国和懂A、C国及B、C国语言的翻译各1名。如果代表国从A国增加到E国，则有5个完全不通语言的代表参加会议。那么，在尽可能减少翻译人数并使会议进行下去的条件下，请问至少需几名翻译？要求每位翻译只懂两国语言。

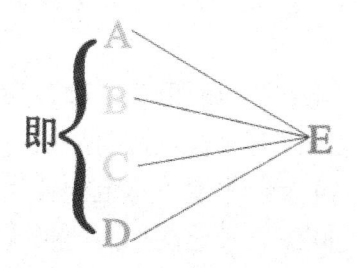

即 { A B C D } E

323 夜明珠在哪里

一个人的夜明珠丢了，于是他开始四处寻找。有一天，他来到了山上，看到有3个小屋，分别为1号、2号、3号。从这3个小屋里分别走出来一个女子，1号屋的女子说："夜明珠不在此屋里。" 2

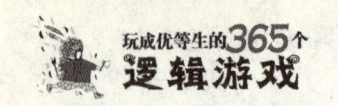

号屋的女子说:"夜明珠在1号屋内。"3号屋的女子说:"夜明珠不在此屋里。"这三个女子,其中只有一个人说了真话,那么,谁说了真话?夜明珠到底在哪个屋里面?

324 小岛方言

一个晴朗的日子,一条船由于缺乏饮用水,在一个岛上靠了岸。这个岛上的人一部分总是说真话,另一部分总是说假话。可是,从表面上却无法将它们区分开来。他们虽然听得懂汉语,却只会说本岛方言。船员们登陆后发现一眼泉水,可是,不知这里的水能不能喝。这时,恰巧碰到一个土族人,便问道:"今天天气好吗?"土族人答道:"呜呜哇哇。"再问:"这里的水能喝吗?"土族人答道:"呜呜哇哇。"已知"呜呜哇哇"这句话是岛上方言的"是"或"不是"中的一个。你认为这里的水究竟能喝吗?

325 姐妹俩

美美、丽丽、可可、爱爱这4位女士在工作间歇时用了些咖啡点心,正在付款。

1.有两位女士,身上带的硬币总金额各为60美分,都是银币,且枚数相同,但彼此间没有一枚硬币面值相同。

2.有两位女士,身上带的硬币总金额各为75美分,都是银币,且枚数相同,但彼此间没有一枚硬币面值相同。

3.美美的账单是10美分,丽丽的账单是20美分,可可的账单是45美分,爱爱的账单是55美分。

4.每位女士都一分不少地付了账,而且不用找零。

5.有两位女士是姐妹俩,她们付账后剩下的硬币枚数相同。

已知硬币面值有4种,分别是5美分、10美分、25美分和50美分。你能推断出哪两位女士是姐妹吗?

326 他们有多大

某客车上的甲、乙、丙3位乘客，分别和车上的3个乘务员（司机、售票员、检票员）的年龄相同。现在只知道：

1. 甲今年25岁。
2. 检票员昨天下棋输给了与甲同岁的乘务员。
3. 乙今天是回沈阳老家去的，和乙同岁的乘务员碰巧又是他同乡。
4. 司机的年龄是他女儿年龄的3倍，她现在在家乡湖北上小学。丙的年龄比司机的女儿大20岁。

请问，司机今年多大年龄？售票员和哪位乘客同岁？

327 山羊买外套

小白羊、小黑羊、小灰羊一起上街各买了一件外套。3件外套的颜色分别是白色、黑色、灰色。回家的路上，一只小羊说："我很久以前就想买白外套，今天终于买到了！"说到这里，她好像是发现了什么，惊喜地对同伴说："今天我们可真有意思，白羊没有买白外套，黑羊没有买黑外套，灰羊没有买灰外套。"小黑羊说："真是这样的，你要是不说，我还真没有注意这一点呢！"你能根据他们的对话猜出小白羊、小黑羊和小灰羊各买了什么颜色的外套吗？

328 猜头花的颜色

有3朵红头花和2朵蓝头花。将5朵花中的3朵花分别戴在A、B、C3个女孩的头上。这3个女孩中，每个人都只能看见其他两个女孩子头上所戴的头花，但看不见自己头上的花朵，并且也不知道剩余的两朵头花的颜色。

问A："你戴的是什么颜色的头花？"
A说："不知道。"

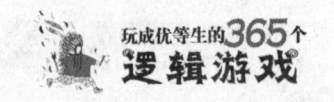

问B："你戴的是什么颜色的头花？"

B想过一会儿之后，也说："不知道。"

最后问C，C回答说："我知道我戴的头花是什么颜色了。"

当然，C是在听了A、B的回答之后而作出推断的。试问：C戴的是什么颜色的头花？

329 他是怎么猜到的

幼儿园一老师带着7名小朋友，她让6个小朋友围成一圈坐在操场上，让另一名小朋友坐在中央，拿出7块头巾，其中4块是红色，3块是黑色。然后蒙住7个人的眼睛，把头巾包在每一个小朋友的头上。然后解开周围6个人的眼罩，由于中央的小朋友的阻挡，每个人只能看到5个人头上头巾的颜色。这时，老师说："你们现在猜一猜自己头上头巾的颜色。"大家思索好一会儿，最后，坐在中央的被蒙住双眼的小朋友说："我猜到了。"

问：被蒙住双眼坐在中央的小朋友头上是什么颜色的头巾？他是如何猜到的？

330 黑红手绢

有一个班的学生在元旦时开了一个联欢晚会。其中有一个游戏环节需要全场的同学都参与。班长给每个人背上都挂了一个手绢，手绢只有黑红两种颜色，其中黑色的手绢至少有一顶。每个人都看不到自己背上究竟是什么颜色的手绢，只能看到别人的。班长让大家看看别人背上的手绢，然后关灯，如果有人觉得自己的手绢是黑色的，就咳嗽一声。第一次关灯没有反应，第二次关灯依然没有反应，但第三次关灯后却听到接连不断的咳嗽声。你觉得此时至少有多少人背上是黑手绢？

331 盲人分袜子

两个盲人脚的大小一样，一同去商店买袜子。两人各买了一双黑的和一双蓝的。蓝袜子和黑袜子的质地、型号、商标完全一样。他们各自用纸包着，放在同一个提包里。等到两人分袜子时，发现纸包散开了，袜子混在一起，只是商标还完好，每双袜子还连在一起。两人商量了一下，想出了一个分袜子的好办法，结果每人拿了一双黑袜子和一双蓝袜子回家去了。请问，他们想出的是什么办法呢？

332 彩色袜子

在衣柜抽屉中杂乱无章地放着10只红色的袜子和10只蓝色的袜子。这20只袜子除颜色不同外，其他都一样。现在房间中一片漆黑，你想从抽屉中取出两只颜色相同的袜子。最少要从抽屉中取出几只袜子才能保证其中有两只配成颜色相同的一双？

333 鞋子的颜色

聪聪买了一双漂亮的鞋子，她的同学都没有见过这双鞋子，于是大家就猜，明明说："你买的鞋不会是红色的。"灵灵说："你买的鞋不是黄的就是黑的。"巧巧说："你买的鞋子一定是黑色的。"这三个人的看法至少有一种是正确的，至少有一种是错误的。请问，聪聪的鞋子到底是什么颜色的？

334 谁偷了奶酪

有4只小老鼠一块出去偷食物（它们都偷食物了），回来时族长问它们都偷了什么食物。老鼠A说："我们每个人都偷了奶酪。"老鼠B说："我只偷了一颗樱桃。"老鼠C说："我没偷奶

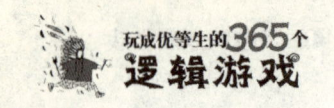

酪。"老鼠D说:"有些人没偷奶酪。"族长仔细观察了一下,发现它们当中只有一只老鼠说了实话。那么下列的评论正确的是:

1. 所有老鼠都偷了奶酪。
2. 所有的老鼠都没有偷奶酪。
3. 有些老鼠没偷奶酪。
4. 老鼠B偷了一颗樱桃。

335 谁偷吃了水果和小食品

赵女士买了一些水果和小食品准备去看望一个朋友,谁知,这些水果和小食品被她的儿子们偷吃了,但她不知道是哪个儿子吃的,为此,赵女士非常生气,就盘问4个儿子谁偷吃了水果和小食品。老大说道:"是老二吃的。"老二说道:"是老四偷吃的。"老三说道:"反正我没有偷吃。"老四说道:"老二在说谎。"这4个儿子中只有一个人说了实话,其他的3个都在撒谎。那么,到底是谁偷吃了这些水果和小食品?

336 谁在说谎,谁拿走了零钱

姐姐上街买菜回来后,就随手把手里的一些零钱放在了抽屉里,可是,等姐姐下午再去拿钱买菜的时候发现抽屉里的零钱没有了,于是,她就把3个妹妹叫来,问她们是不是拿了抽屉里的零钱,甲说:"我拿了,中午去买零食了。"乙说:"我看到甲拿了。"丙说:"总之,我与乙都没有拿。"这3个人中有一个人在说谎,那么到底谁在说谎?谁把零钱拿走了?

337 猫和鸽子

赵、钱、孙、李和陈5个单身老头是养鸽迷,每人都有一只心爱的鸽子。另有5个单身老太太是养猫迷，每人都有一只宠猫。猫对鸽子是严重的威胁。后来，这5对老人分别结了婚，这给了老头们控制老伴的猫以保护自己的鸽子的机会。然而，结果是，他们之中虽然每对老夫妻自己的猫和鸽子之间相安无事，但最终还是每只猫都吃掉了一只鸽子，每位老头都失去了自己心爱的鸽子。事实上，赵夫人的猫吃了某位老先生的鸽子，而这位老先生正是和吃了陈老先生的鸽子的猫的主人结了婚。赵老先生的鸽子是被钱夫人的猫吃掉的。李老先生的鸽子是被某位老太太的猫吃掉的，而这位老太太正是和被孙夫人的猫所吃掉的鸽子的主人结了婚。李夫人的猫吃了谁家的鸽子？

338 被哪个学校录取了

阿呆、阿聪、阿明3人被哈佛大学、牛津大学和麻省理工大学录取，但不知道他们各自究竟是被哪个大学录取了，有人做了以下猜测：

甲：阿呆被牛津大学录取，阿明被麻省理工大学录取。
乙：阿呆被麻省理工大学录取，阿聪被牛津大学录取。
丙：阿呆被哈佛大学录取，阿明被牛津大学录取。
他们每个人都只猜对了一半。

阿呆、阿聪、阿明3人究竟是被哪个大学录取了？

339 谁去完成任务

在甲、乙、丙、丁、戊5人中要抽调若干人去完成某项任务，但要同时符合下列条件：

1. 丁、戊两人至少要去一人。
2. 乙、丙两人总要去一人。
3. 假如戊去，甲、丁就都去。
4. 丙和丁要么两人都去，要么两人都不去。

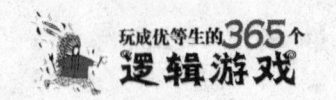

5.假如甲去，那么乙也去。

请问，到底谁被抽调出来了呢？

340 谁拿了谁的伞

一天，甲、乙、丙、丁、戊5人聚会。由于下雨，各人带了一把雨伞。聚会完回到家后，每个人都发现自己拿回来的雨伞是别人的。现已知：

1.甲拿回去的雨伞不是丁的，也不是乙的。

2.乙拿回去的雨伞不是丁的，也不是丙的。

3.丙拿回去的雨伞不是戊的，也不是乙的。

4.丁拿回去的雨伞不是丙的，也不是戊的。

5.戊拿回去的雨伞不是丁的，也不是甲的。

另外还发现没有两个人互相交换了雨伞（例如甲拿乙的，乙拿甲的）。请问，丙拿回去的雨伞是谁的？丙的雨伞又被谁拿去了？

341 各是第几名

某学校举行了一次马拉松赛跑，A、B、C、D、E、F、G、H共8人参加了比赛。比赛结束后，他们有这样一段对话：

A说：B得了第一名，G不在我的前面。

B说：E没有G跑得快，D不在H的前面。

C说：H不比我跑得快，F不在D的前面。

D说：我得了第二名，C不是最后一名。

E说：我不在F的前面，B不在我的前面。

F说：A得了第一或者第二名，E不是第四名。

G说：有两人同时到达了终点，D不在我前面。

H说：A不在我的前面，B不在D的前面。

这8名运动员每人都讲了两种情况。据一位观看了这次比赛的人说，在他们讲述的这16种情况中，只有一种是正确的。请问，哪一种是正确的？这8名运动员分别得了第几名？

342 共有几条病狗

一个村子里一共有50户人家，每家每户都养了一条狗。村长说村里面有病狗，然后就让每户人家都可以查看其他人家的狗是不是病狗，但是不准检查自己家的狗是不是病狗。当这些人如果推断出自家的狗是病狗的话，就必须自己把自家的狗枪毙了，但是每个人在看到别人家的狗是病狗的时候不准告诉别人，也没有权力枪毙别人家的狗，只有权力枪毙自家的狗。然后，第一天没有听到枪声，第二天也没有，第三天却传来了一阵枪声。

请问：这个村子里一共有几条病狗？

343 各是什么职务

李明、李松、李刚、李通4个人，身居法院院长、检察院检察长、公安局长、司法局长4个职务。一次政法工作会议上，4个人碰在一起开会，会议主持者李通热情地招待他们，忙着倒茶递烟。

1. 李刚和李明接过烟，很快就抽了起来。
2. 法院院长婉言谢绝，因为他一贯主张戒烟。
3. 李明是司法局长的妹夫，所以他俩显得格外亲热。李松和李刚看到他俩如此亲热，就感叹自己只有弟弟没有妹妹。
4. 分手时，公安局长邀请大家下午去他家。

你能确定这4个人的职务吗？

344 谁当上了记者

A报社决定在B公司招聘一名业余记者，B公司推荐赵、钱、孙、李、周、吴6人应试。究竟谁能被录用，公司甲、乙、丙、丁4

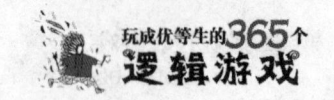

位领导各自作出了自己的判断。

甲：赵、钱有希望。

乙：赵、孙有希望。

丙：周、吴有希望。

丁：赵不可能。

而结果证明：只有一个人的判断是对的。请问，谁当上了业余记者？

345 猜城市

对地理非常感兴趣的几个同学聚在一起研究地图。其中的一个同学在地图上标上了标号A、B、C、D、E，让其他的同学说出他所标的地方都是哪些城市。

甲说：B是陕西，E是甘肃。

乙说：B是湖北，D是山东。

丙说：A是山东，E是吉林。

丁说：C是湖北，D是吉林。

戊说：B是甘肃，C是陕西。

这5个人每人只答对了一个省，并且每个编号只有一个人答对。你知道A、B、C、D、E分别是哪几个省吗？

346 记错的血型

聪聪、明明、灵灵、巧巧4人的血型分别是A型、B型、O型、AB型4种血型中的一种，而且各不相同。根据4个人自述：

聪聪说：我是A型。

明明说：我是O型。

灵灵说：我是AB型。

巧巧说：我不是AB型。

其中有3人讲的是对的，只有一人把自己的血型记错了。你能推理出究竟是谁记错了吗？

347 真假难辨

这个表格的含义是：A指责B说谎话，B指责C说谎话，C指责A和B都说谎话。那么请问，到底谁说真话，谁说假话？

	A	B	C
A		谎	
B			谎
C	谎	谎	

348 走哪条路

有一个外地人路过一个小镇，此时天色已晚，于是他便去投宿。当他来到一个十字路口时，他知道肯定有一条路是通向宾馆的，可是路口却没有任何标记，只有3个小木牌。第一个木牌上写着：这条路上有宾馆。第二个木牌上写着：这条路上没有宾馆。第三个木牌上写着：那两个木牌有一个写的是事实，另一个是假的，相信我，我的话不会有错。假设你是这个投宿的人，按照第三个木牌的话为依据，你觉得你会找到宾馆吗？如果可以，哪条路上有宾馆？

349 猜名字

智力晚会开始了，主持人小燕对观众说："A、B、C3位同学中，一个叫'真真'，从来不说假话；一个叫'假假'，从来不说真话；一个叫'真假'，有时说真话，有时说假话。""现在，我们开始向这3位同学提问，请大家注意他们的回答。"小燕问同学A："请问，B叫什么名字？""他叫真真。"同学A回答。小燕问同学B："你真是真真吗？""我不是真真，我是假假。"同学B回答。小燕又问同学C："请问，B到底叫什么名字？""他叫假

假。"同学C回答。小燕最后问观众："请大家想一想，A、B、C3位同学中，究竟谁是真真，谁是假假，谁是真假呢？"

350 你的话说错了

某校开展学雷锋活动以来，学生中关心集体、助人为乐的人逐渐多起来。某班有一个学生做了一件有益于集体的事，但别人都不知道是谁做的。该班学生小刘对小王说："据我的分析，这件事可能是咱班小李干的。"小王颇有把握地说："不，不可能是小李干的。"后来经过调查，这件事确实不是小李干的，而是该班另一个同学干的。这时，小王得意地对小刘说："怎么样？你的话说错了，你还说可能是小李干的呢！"小刘被弄得一时说不出话来。

小刘最初作出的判断真的错了吗？小王对小刘的反驳能否成立？

351 到底多大

4个人在对一部电视剧主演的年龄进行猜测，实际上只有一个人说对了：

张：她不会超过20岁。

王：她不超过25岁。

李：她绝对在30岁以上。

赵：她的岁数在35岁以下。

根据以上条件，你能判断出下面A、B、C、D4项中哪项是正确的吗？

A. 张说得对。

B. 她的年龄在35岁以上。

C. 她的岁数在30~35岁之间。

D. 赵说得对。

352 哪个正确

在一次地理考试结束后，有五个同学看了看彼此5个选择题的答案，其中：

同学甲：第三题是A，第二题是C。

同学乙：第四题是D，第二题是E。

同学丙：第一题是D，第五题是B。

同学丁：第四题是B，第三题是E。

同学戊：第二题是A，第五题是C。

结果他们各答对了一个答案。根据这个条件猜猜哪个选项正确？

A. 第一题是D，第二题是A。

B. 第二题是E，第三题是B。

C. 第三题是A，第四题是B。

D. 第四题是C，第五题是B。

353 谁是教授

阿米莉亚、比拉、卡丽、丹尼斯、埃尔伍德和他们的配偶参加了在情侣餐馆举行的一次大型聚会。这5对夫妇被安排坐在一张"L"形的桌子的周围，如下图。现已知：

1. 阿米莉亚的丈夫坐在丹尼斯妻子的旁边。

2. 比拉的丈夫是唯一单独坐在桌子的一条边上的男士。

3. 卡丽的丈夫是唯一坐在两位女士之间的男士。

4. 没有一位女士坐在两位女士之间。

5. 每位男士都坐在自己妻子的对面。

6. 埃尔伍德的妻子坐在教授的右侧。

注："在两位女士之间"指的是沿桌子边缘，左侧是一个女士，右侧是另一个女士。你能准确判断出这些人中谁是教授吗？

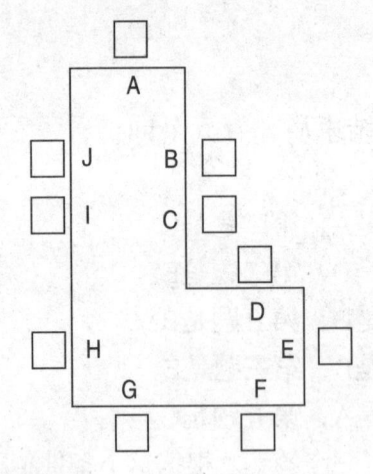

[图：圆桌及方凳位置图，标注 A、B、C、D、E、F、G、H、I、J]

354 小熊的朋友是谁

小兔、小猴、小鸡、小鸭、小狗和小熊在除夕夜会餐。一阵鞭炮响过，大家围着一张圆桌按顺序坐了下来，只有小熊没到。于是小熊的朋友马上从A凳上站了起来，说："我知道小熊的家，我去把小熊接来。"不一会儿，小熊的朋友果然把小熊接来了。

位置安排如下所述：

1. 小兔坐在小狗的对面。
2. 小鸡坐在小熊的朋友的对面。
3. 小熊的朋友坐在方凳子上。
4. 谁坐在小熊朋友的对面，谁就与小狗邻坐，并且小狗坐在它左边，它右边的座位正好与小熊的座位相对。
5. 小鸭坐在小兔与小鸡之间。

你知道小熊的朋友是谁吗？

355 水果的顺序

在一个集市的水果摊上，有人把20种水果并排放成了两排。下列各句中的"在左边"、"在右边"指的是在同一行，"在前面"、"在后面"指的是在另一行的相对位置。

葡萄在柠檬和芒果的右边，芒果在油桃的左边，油桃的后面是番木瓜。樱桃在草莓的后面，在李子的右边，在柿子的左边。柿子在枇杷的右边，枇杷在杏子的左边。橘子在梨的右边，在李子的左边，李子在桃的右边，桃在樱桃的左边，在橘子的右边。酸橙在梨的前面，在西瓜和香蕉的左边，香蕉在黑莓的左边，黑莓在西瓜的右边，西瓜在草莓和香蕉的左边。树莓在柠檬的左边，柠檬在黑莓和草莓的右边，草莓又在香蕉的右边，在树莓和芒果的左边，芒果在柠檬的右边。油桃在葡萄的左边，葡萄在树莓的右边，树莓在草莓的右边。番木瓜在番石榴的左边，番石榴在枇杷的右边。枇杷在樱桃的右边，在柿子的左边，柿子在杏子的左边。

你能根据上面的信息，把各种水果排成合适的顺序吗？

356 酒鬼和礼品

有5个酒鬼，他们的绰号分别是"茅台"、"五粮液"、"西凤"、"花雕"和"二锅头"。某年春节，他们之中的每一个人，都向其他4人中的某一个人赠送了一件礼品；没有两人赠送相同的礼品的情况，每一件礼品，都是他们中某个人的绰号所表示的酒，每人赠送或收到的礼品都不是用他自己的绰号表示的酒。又，"茅台"先生送给"二锅头"先生的是花雕酒；收到二锅头酒的先生把西凤酒送给了"茅台"先生；绰号和"花雕"先生所送的礼品名称相同的先生把自己的礼品送给了"西凤"先生。"花雕"先生所收到的礼品是谁送的？

357 玩扑克

张三夫妇请了李四夫妇和王五夫妇来他们家玩扑克。这种扑克游戏有一种规则，夫妇两个不能一组。张三跟徐敏一组，李四的队友是王五的妻子，李丽的丈夫和王芳一组。那么这三对夫妇分别

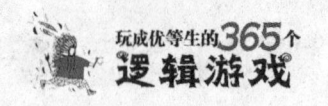

为：

    A. 张三—王芳，李四—李丽，王五—徐敏。

    B. 张三—王芳，李四—徐敏，王五—李丽。

    C. 张三—李丽，李四—徐敏，王五—王芳。

    D. 张三—徐敏，李四—王芳，王五—李丽。

358 哪种花色是王牌

扑克牌有4种花色：黑桃、草花、红桃、方块。一副牌局中，某种花色比其他花色同点数的牌大，则称这种花色为王牌。例如，如果方块为王牌，则方块5比黑桃5大。在某副牌局中，有一手牌包括：

1. 正好13张牌。
2. 每种花色至少有一张牌。
3. 每种花色的牌的数目不一样。
4. 红桃和方块总数是5张。
5. 红桃和黑桃的总数是6张。
6. 王牌的数目是两张。

哪种花色是王牌？

359 两对双胞胎

在老北京的一个胡同的大杂院里，住着4户人家，巧合的是每家都有一对双胞胎女孩。这4对双胞胎中，姐姐分别是A、B、C、D，妹妹分别是a、b、c、d。一天，一对外国游人夫妇来到这个大杂院里，看到她们8个，忍不住问："你们谁和谁是一家的啊？"

B说：C的妹妹是d。

C说：D的妹妹不是c。

A说：B的妹妹不是a。

D说：他们三个人中只有d的姐姐说的是事实。
如果D的话是真话，你能猜出谁和谁是双胞胎吗？

360 谁和谁是夫妻

有4对夫妻，赵结婚的时候张来送礼，张和江是同一排球队队员，李的爱人是洪的爱人的表哥。洪夫妇与邻居吵架，徐、张、王都来助阵。李、徐、张结婚以前住在一个宿舍。

请问：赵、张、江、洪、李、徐、王、杨这8个人谁是男谁是女，谁和谁是夫妻？

361 张三的老婆

张三认识张、王、杨、郭、周5位女士，其中：

1. 5位女士分别属于两个年龄档，有三位小于30岁，两位大于30岁。
2. 5位女士的职业有两位是教师，其他三位是秘书。
3. 张和杨属于相同年龄段。
4. 郭和周不属于相同年龄段。
5. 王和周的职业相同。
6. 杨和郭的职业不同。
7. 张三的老婆是一位年龄大于30岁的教师。

请问谁是张三的未婚妻？
A. 张　　B. 王　　C. 杨　　D. 郭　　E. 周

362 打高尔夫球的夫妇

两对夫妇打了一场高尔夫球。每个人的积分都不一样，不过阿尔伯特夫妇的总积分是187，和贝克夫妇的总积分一样。下面的句

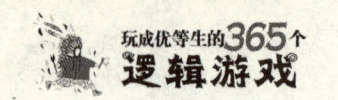

子陈述的是他们的得分情况：

1. 乔治的得分在4个人中不是最低的，不过比平均分要低。
2. 凯瑟琳的得分比卡罗尔高3杆。
3. 阿尔伯特先生和夫人的得分只差1杆。
4. 两个男人的平均得分比两个女人的平均得分高2杆。

猜一猜4名球手的姓、名（其中一个是哈利）和得分。

	姓	得分
卡罗尔		
乔治		
哈利		
凯瑟琳		

363 远足者过河

8位远足者想过一条河。但是河上没有桥，只有两个孩子在一条小船上玩耍。这条小船很小，只能坐两个孩子或一个大人。一个大人和一个小孩坐在船上就会翻船。那么，如何把这8个人都送到河那边去呢？

364 过河

在一条河边有猎人、狼、男人领着两个小孩，一个女人也带着两个小孩。条件为：如果猎人离开的话，狼就会把所有的人都吃掉，如果男人离开的话，女人就会把男人的两个小孩掐死，而如果女人离开，男人则会把女人的两个小孩掐死。

这时，河边只有一条船，而这个船上也只能乘坐两个人（狼也算一个人），而所有人中，只有猎人、男人、女人会划船。请问，怎样做才能使他们全部渡过这条河？

365 转移矿石的方法

载重量为7吨和13吨的载人宇宙飞船，满载着在月球上发现的新矿石抵达了中转基地。有一架载重量为19吨的载人宇宙飞船正在等着，要求必须把这两架飞船的矿石，重新装到19吨的空飞船和13吨的飞船上，各装10吨。由于是在宇宙空间，所以无法使用重量计量。

你能找出一个正确转移矿石的方法吗？

答 案

第1章 数字逻辑游戏

1 数字之窗
答案：21。每行第一个、第三个数字之和，为第二个数字。

2 数字卡片
答案：$\boxed{\begin{array}{c}14\\2\end{array}}$ 第一行，依次递增2；第二行，依次递减11，9，7，5，3。

3 数字明星
答案：14。每个图形中，第一行差值均为7，第二行商值均为4。

4 数字键盘
答案：20。三行的公差依次为5、6、7。

5 数字纵横
答案：4。每一列第一个数与第三个数的和拆分后相加，等于第二个数：4+9=13，13=1+3=4；6+5=11，11=1+1=2……

6 数字路口
答案：A=7，B=6。中间数字是其上下、左右数字之差。

7 数字十字架
答案：A=17，B=11，C=4。左右上三个数之和÷下面数字=中间的数。

8 切割数字蛋糕
答案：25。较小的数的平方，为对角线另一侧的数。

9 数字三角形

答案：A=8，B=2。图例显示的规律为：（8-2-2）×2=8；（12-2-7）×2=6。

10 数字正方形

答案：A=2，B=54。A中对角数字之商为3，B中对角数字之商为9。

11 数字六边形

答案：7。垂线右侧的数的三次方减1，是对应的左侧对角处数字。

12 数字转盘

答案：A=9，B=10，C=28。图形A中对角的数字相除等于3，图形B中对角的数字相减等于8，图形C中对角的数字相除等于4。

13 数字方向盘

答案：A=9，B=13。从最小的一个数开始，按顺时针方向，依次递增2，4，6，8，10。

14 数字圆中方

答案：11。每个圆内的三个数字（方框外）之和，为同圆内方框内数字的3倍。

15 数字地砖

答案：8和4。每组上面两个数相乘均等于32，下面左侧的数开方后为右侧的数。

16 数字屋顶

答案：175。窗户上的数字之和×门上的数字。

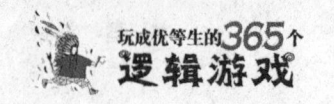

17 数码大厦之门

答案：115。横行第三个数减第一个数的差的5倍，是第二个数字。

18 中心数字

答案：A=36,B=40。在A组图形中，外边三角形中的3个数相乘，再除以2，就得到中间三角形中的数字，因此，3×4×6÷2=36。在B组图形中，小圆圈中的3个数相加，再乘以2，就得到大圆圈的数，因此，(5+6+9)×2=40。

19 数字螺旋

答案：A=5，B=7。中间的数为周围四个数的最小公倍数。

20 数字金字塔

答案：35。以最下面一行数字为例：（4+3）+3=10；（3+9）+3=15；（9+5）+3=17。

21 数字金字塔之巅

答案：270。从最下面一行看起，底下的两个数的积为上面的数，以此类推。

22 数字向心力

答案：9。对角线两侧的数相除，得中间数。

23 数字密码集

答案：A=7，B=4，C=3，D=4。每组中每一列的第一个数与第二个数相加再与第三个数相乘结果完全一样。

24 数字曲径

答案：151，145。纵向相加结果为999。

25 数码大厦一角

答案：3。前两个数之和÷第三个数=第四个数。

26 数字七角星

答案：

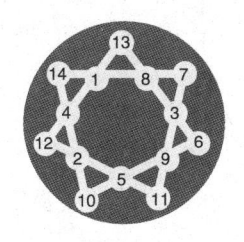

27 数字八卦阵

答案：9。把外环中的每个数字都看做一个两位数，并把个位数与十位数相乘，再把所得结果加上1，填在对面的内环位置上。

28 移动的数字

答案：给出的每个数字都按顺时针旋转，旋转的次数即为该数字加1。

17		6
9		3

29 骨牌的困惑

答案：

4	5	1	9	2
5	6	3	1	4
1	3	9	5	1
9	1	5	7	8
2	4	1	8	2

30 填字游戏

答案：下图是其中一种解决方案。

3	×	2	=	6
+		+		÷
5	−	3	=	2
=		=		=
8	−	5	=	3

31 填充方格

答案：

8	+	2	−	5	= 5
+		×		−	
1	×	7	−	4	= 3
÷		−		×	
3	×	6	÷	9	= 2
=		=		=	
3		8		9	

32 数字地基

答案：18500。第一行数字−第二行数字＝第三行数字，其余以此类推。35012−16512＝18500。

33 魔术方阵

答案：

$6\frac{1}{3}$	$7\frac{1}{3}$	$2\frac{1}{3}$
$1\frac{1}{3}$	$5\frac{1}{3}$	$9\frac{1}{3}$
$8\frac{1}{3}$	$3\frac{1}{3}$	$4\frac{1}{3}$

34 填空格

答案：

8	−	7	=	1
÷				+
4				5
=				=
2	×	3	=	6

35 符号代数

答案：图中这些符号所代表的算式分别如下所示：

$64 \div 4 + 9 = 25$

$8 \times 3 + 1 = 25$

$6 \times 5 - 5 = 25$

$7 + 7 + 11 = 25$

$28 - 1 - 2 = 25$

36 纵横等式

答案：A=2，B=3，C=5，D=1，E=6。

37 符号代数

答案：

$625 \div 25 = 25$

$-\quad -\quad +$

$225 \div 15 = 15$

$=\quad =\quad =$

$400 \div 10 = 40$

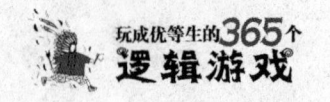

38 水果算术题

答案：苹果＝4，香蕉＝2，梨＝3，葡萄＝5。

39 问号处代表的符号

答案：放方块。红桃＝11，黑桃＝1，草花＝8，方块＝5。

40 方格填数的技巧

答案：

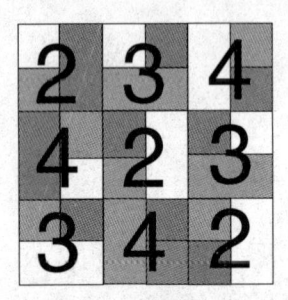

```
2 3 4
4 2 3
3 4 2
```

41 数字排列规律

答案：是根据中文发音的四声来的。

1378阴平，246去声，59上声，0阳平。

42 完成谜题

答案：10。每个方块下面数字积与上面数字积的差，用中心的罗马数字来表示。

43 数字格子

答案：每个数字按顺时针旋转，该数字即为其要旋转的次数。

```
2  . 10
.  .  .
7  .  9
```

44 运动中的数字

答案：每个数字按顺时针方向旋转，旋转的次数为该数字减去1。

	21	
15		34
	22	

45 图形变换

答案：11。列出简单方程即可知▲=2，●=1。每个格子中各图形全部加起来，即可得到图下所表示的数字。

46 数字幻方

答案：

1	15	5	12
8	10	4	9
11	6	16	2
14	3	13	7

1	11	6	16
8	14	3	9
15	5	12	2
10	4	13	7

47 四阶魔方

答案：解法很多，图示一种。

16	5	2	11
3	10	13	8
9	4	7	14
6	15	12	1

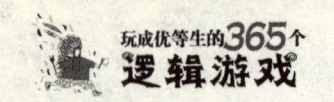

第2章 文字逻辑游戏

48 宝塔诗如何读
答案：山中山路转山崖，山客山僧山里来，山客看山山景好，山桃山杏满山开。

49 数字会意诗
答案：
一龙二虎镇三山，三清四水会八仙。
五湖四海为朋友，九走江河到四川。

50 花心诗
答案：
山山出花果，不见觅花开。
西女要花戴，合手拿花来。

51 矩式回文诗
答案：
以"翠"为首字为例：
翠烟湖上亭，亭幽在隐意。
意解自鸥汀，汀石绣苔翠。
回读为：
翠苔绣石汀，汀鸥自解意。
意隐在幽亭，亭上湖烟翠。

52 单字双叠诗
答案：苏小妹念道："野鸟啼，野鸟啼时时有思。有思春气桃花发，春气桃花发满枝。满枝莺雀相呼唤，莺雀相呼唤岩畔。岩畔花红似锦屏，花红似锦屏堪看……"

53 敦煌十字图诗

答案：

天阴逢白雨，寒路结为霜。

日照仁卿相，雨开僻文王。

此十字图形诗中心的"霜"字乃是全诗的破读关键，拆开为此"雨"、"相"，合为"霜"，由此带动全诗的推进。路：当为露；僻：当为辟，开辟。

54 拆字连环贯通回文诗

答案：读法一

从"花"字始，向右旋转，至"飞"字止：

花开近翠微，槁获露滩矶。

沙平接阔野，麻乱聚萤飞。

从"飞"字始，向左旋转，至"花"字止，是上一首的回文：

飞萤聚乱麻，野阔接平沙。

矶滩露获槁，微翠近开花。

读法二

将"花"、"麻"、"沙"、"槁"离合，藏头拆字连环，从"花"字左旋读，再回读，可得七言绝句两首。读为（回读略）：

草化飞萤聚乱麻，广林野阔接平沙。

少水矶滩露获槁，木高微翠近开花。

55 七言四句加五言四句十字图诗

答案：

七言：

才秀成君教学开，开学教君有路来，

来路有君通达我，我达通君成秀才。

五言：

才子读书来，来到百花开。

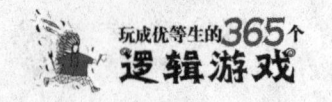

开学如选我，我做状元才。

56 飞雁体诗
答案：
山远路又深，山花接树林。
山云飞片片，山草绿澄澄。
山鸟偷僧饭，山猿抱树吟。
山僧请山客，山客绕山寻。

57 三角形诗
答案：
湖上膧膧兔魄幽，光明忽散一天秋。
朎胧向已垂银钓，圆绽今期漾玉球。
馥郁桂芬云外落，朦胧山色镜中收。
凭栏深夜看逾朗，何处笙箫作胜游。

58 桃花源诗碑
答案：
牛郎织女会佳期，月下弹琴又赋诗。
寺静惟闻钟鼓响，音停始觉星斗移。
多少黄冠归道观，见机而作尽忘机。
几时得到桃源洞，同彼仙人下象棋。

59 翠蕉诗
答案：
春
春雨晴来访友家，雨晴来访友家花。
晴来访友家花径，来访友家花径斜。
夏

夏沼风荷翠叶长，沼风荷翠叶长香。
风荷翠叶长香满，荷翠叶长香满塘。
(《秋》、《冬》同理)

60 火环诗
答案：
其一
幽居野胜野居幽，留客多情多客留。
鹤似人闲人似鹤，鸥如意静意如鸥。
径云停晓停云径，楼月明空明月楼。
话久忘机忘久话，游仙枕上枕仙游。
其二
瓜种新收新种瓜，家园灌艺灌园家。
鸟鸣惊梦惊鸣鸟，花放催诗催放花。
月抱荷香荷抱月，霞笼竹影竹笼霞。
景幽深得深幽景，茶焙初尝初焙茶。

61 酒壶诗
答案：
一
山高好种田，儿孙个个贤，
立在壶瓶里，端的是神仙。
二
酒是人间大胆汤，人人吃了被它伤：
汉王为酒忠臣散，杨妃为酒马前亡。
六郎为酒三关死，李白为酒丧长江。
杜康为酒天牢禁，徐州拆散刘关张。
君王为酒家帮破，高官为酒坏名扬。
兄弟为酒伤和气，夫妻为酒骂爹娘。

62 梅花形诗

答案：

一

江练初澄霞散彩，彩虹遥挂影涵江。
窗间影挂遥峰雨，雨带风声入纸窗。

二

天外帆回风带雨，雨余江阔水连天。
悬知水阔江流直，直上湖心看月悬。

三

流光作色秋成彩，彩散霞红淡欲流。
游冶马嘶湖上直，直将秋色作春游。

63 汉字接龙（1）

答案：A。题干中汉字的笔画数分别为：2、3、4、5，成一组简单递增数列，因此下一个汉字的笔画数应为6，即选择A项。

64 汉字接龙（2）

答案：C。题干中两组汉字的笔画数均是依次为：2、4、6，成一组偶数递增变化，因此选择笔画数为6的"式"字。

65 汉字接龙（3）

答案：D。第一组图中"口"的数量依次是：1、2、3，第二组图中"口"的数量依次应为：2、3、4，因此答案为D，"澡"字中"口"的数量为3。

66 汉字接龙（4）

答案：D。这道题目考查每个汉字图形的组成部分，题干中第一行图形的组成部分数(即可拆分为不牵连的部分数)均为1，第二行图形的组成部分数均为2，第三行前两个字的组成部分数均为

3，所以应选择D，可以被拆分为不牵连的3部分。

67 汉字接龙（5）

答案：C。这道题属于笔画题。"内外夹攻"四个字分别是四画、五画、六画、七画，所以后面应该是一个八画的字，"其"为八画，故选C。

68 汉字接龙（6）

答案：D。仔细观察可发现，题干中第一组汉字图形中都包含有"占"字这一共同组成部分，而第二组汉字图形的前两个字都包含有"云"字这一共同元素，因此选择D项。

69 找出对应项（1）

答案：B。期刊是一种杂志，正如，酱油是一种食品。

70 找出对应项（2）

答案：B。阅读是一种技能，焊接是一门技术。

71 找出对应项（3）

答案：B。紫外线是阳光的一部分，氯化钠是海水的一部分。

72 找出对应项（4）

答案：A。股票是一种有价证券，正如，电脑病毒是一种程序。

73 找出对应项（5）

答案：D。本题属于属种关系和对应关系。百合是一种鲜花，在花店售卖；衬衣是一种衣服，在商场销售。A选项鲫鱼和动物的属种与百合和鲜花的属种不平行。如改为鲫鱼和鱼类，则可选。

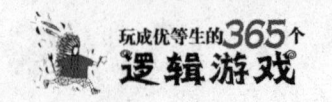

74 找出对应项（6）
答案：A。打折是促销的一种方式，而促销是竞争的方式。符合这个前后关系的只有A项。

75 汉字的美
答案：C。文段是通过吃米饭时嚼到石子这样一个比喻来说明在汉字之中夹杂洋字的不妥，因此在选择的时候理解妥当的应该是和文段表达的主题思想相关的，而只描述表面意思是不对的。C只是对原文中比喻的理解，因此选择C项。

76 鲛人的传说
答案：A。本题属于语句先解题。此题首先介绍"传说"，然后提到"诗文"，接着又讲"居处"，最后提出作者对于鲛人的考证，并且用了一个转折关系的复句，表达一种相反的看法。但仅仅是看法，并没有说明理由，所以接下去应该是讲作者考证的理由，以证明作者看法的正确性，所以选择A选项。

77 孔子的生死观
答案：C。快速浏览文段，可以看出，前两行提出了中国人自古对生死问题的关注，第三行把关注点定位于"然而"一词，转折之后表示作者着重强调的观点，即"对生的问题的关注似乎远胜于对死的问题的追问"，接着继续阐释这句话，"但"后面再次重申这一观点，即"死是生的延续"。通过这两个表示转折的关联词，我们能够很快找出文段的主旨所在，即对于"生"的问题的强调。对比选项，C项即为文段主旨。所以选择C选项。

78 青藏高原的原始生态环境
答案：B。本题属于细节判断题。文段讲述青藏高原生态环境的脆弱，而不是说植物的脆弱，A不正确；文中体现不出青藏高原生态环境古老、原始之"最"，C不正确；生态环境的脆弱和一旦遭到破坏不可逆转，并不能体现抗破坏能力很弱，D不正确。所以选择B选项。

79 幽默

答案：B。本文的主旨在于强调幽默可以化解障碍，甚至增加生活情趣。B项中的"许多人"为偷换概念，"我们"并不能说明人数的多。

80 人生目标

答案：C。题中通过数字比较来得出结论。

81 发泄行为

答案：C。首先分析题干条件：1.行为是激烈的情绪表达；2.目的是使情绪稳定。C不符合第二个条件，从其呼喊的内容可知他的目的不是使情绪稳定，而是寻求旁人的帮助。

82 强迫症

答案：B。B项中张某的行为是有意义的，合理的，因而不是强迫症。

83 鲁迅的著作

答案：A。本题的错误是将《狂人日记》是鲁迅的一部著作替换成了鲁迅的全部著作，一部著作与全部著作是两个概念，因此犯了偷换概念的错误。

84 汽车油耗

答案：D。由文段中的"目前生产的汽车在节油和动力方面的效果已经达到了最佳配置比"可知，既然是最佳，再寻求突破当然

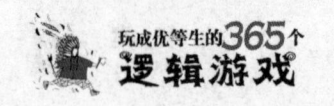

难度很大。

85 三段论
答案：A。"所有的金属都不溶于水"是大前提，即文中"普通性的前提"，"铬是金属"是小前提，"铬不溶于水"是特殊性结论。

86 留大胡子的人
答案：C。"所有导演都是大嗓门"，"有些导演留大胡子"，"所以，有些留大胡子的是大嗓门"。这是有效的三段论。所以，正确的答案是C。

87 烦心的问题
答案：E。"时时刻刻缠绕"与"在工作非常繁忙或心情非常好的时候，便暂时抛开了"矛盾。全称肯定命题与特称否定命题不可能同时为真，犯了自相矛盾的错误。所以答案为E。

88 空间探索
答案：D。这是个转折关系复句，转折词后面的句子是强调的重点。第一句强调重点就是空间探索的意义和作用，第二句对此进行进一步的阐述。所以选择D选项。

89 广告
答案：D。典型的总—分式层次脉络，首句提出"供过于求"这一现象。第二句是对第一句的进一步阐释说明，提出了广告的产生。由此可知正确答案应该为D。

90 文化和语言
答案：C。第一、二句构成了因果关系，"所以"引导的结论性语句重点强调"语言的文化性"。而第三句是用假设关系的偏正复句举例说明缺乏文化性的后果，以此来进一步解释第二句。所以选择C选项。

91 黑马

答案：C。文段中有四个关键的词语"原指"、"后指"、"首先"、"从此"，表示了一种明确的时间顺承关系，即围绕"黑马"词义的演变展开论述。所以选择C选项。

92 北冰洋海底

答案：C。文段指出"从美国阿拉斯加州的北端到欧洲北部的大陆架，都可能有丰富的石油储藏"，表述的是可能性，而选项C"欧洲北部大陆架有丰富的石油储藏"表述的是确定性，与原文不符。C选项错误的原因就在于偷换了可能与确定的概念。

93 中国的沙漠

答案：A。文段首句提出中国沙漠与火星环境最为相似，为科学家提供了最好的实验室。接着解释了原因：中国的沙漠符合了科学家们需要的将寒冷和干燥相结合的极端环境。整个文段为典型的因果关系——前果后因。最后提出沙漠的研究价值在于最极端环境中生命的生存，从而推测外星生命。因此综上所述，中国的沙漠为外星生命的研究提供了最为相似、最为理想的场所。所以选择A选项。

94 火山

答案：C。本题要求对原文的主旨进行概括，需要把握住文段中的各个方面。只有C项是对原文的全面概括。A和D都是描述的一个方面，而B项在文段中没有提及。

95 云南的生物多样性

答案：B。选项A、D都是对文段的片面表述，因此不能选。选项

C是文段中前半部分的概括,选项B是文段中后半部分的概括。文段前后是因果关系,在因果关系的结构中,强调的是结果,所以本题应选B。

96 物质产品和技术发明
答案:B。文段第一句为主旨句,后一句是在解释物质文化、技术文化对人们精神文化产生影响的原因,所以选择B选项。

97 舆论环境
答案:A。文段属于典型的分—总式的结构,可以分成两个层次,先列举了当今政府执政舆论环境变化的种种表现,随后针对这些变化提出对策,即"需要改变以往的被动方式,针对新出现的情况,及时采取新的方式来应对。"先列举现象,后提出观点,观点即为主旨,对比选项,A项最为准确。

98 成功的行销运作
答案:D。这段话强调的是如何实现成功的"行销运作",主题句为由"更"引导的递进复句的后半句,强调其他部门对行销部门的配合与支持。所以选择D选项。

99 司机与交警的对话
答案:C。焦点题作题的技巧就是找争论双方共有的核心词语。题干中司机的核心词语有:有经验的司机、安全行驶、最高时速改为、违反交规;而交警的核心词语有:法律规定的速度、最高时速修改、违规行为。比较两者,共有的核心词语为:最高时速修改、违规。可见只有选项C最为概括。

100 和谐与音乐
答案:B。本题属于主旨概括题。文段前两句首先说明什么是

"和谐"，接着列举中国古代音乐和乐器的材料来例证前文观点。因此可以明确本文的主题句在前两句，综合观点即"差异是和谐的一个必要条件"。所以选择B选项。

101 结构性失业

答案：D。首先分析题干条件：1.失业原因须是经济结构、体制、增长方式等的变动；2.劳动力在技能、经验、工种、知识、年龄、性别、主观意愿、地区等方面供给结构与需求结构不相一致。D项中经济结构、体制、增长方式等未发生变动，也不存在技能、经验、工种、知识、年龄、性别、主观意愿、地区等方面供需不一致，故当选。

102 中国古代历法

答案：D。注意文段的行文脉络，采用了"提出问题—解决问题"的方式。首先提出了"如何解决阴历月比阳历月少"这个问题，然后回答文中的设问"在阴历月里加闰月"从而解决问题。因此文段主要阐述的是"中国古代如何解决阴阳历差异问题"，所以选择D选项。

103 湿地

答案：C。本题属于意图推断题。提问的方式为"意在说明"，因此应该把握整个文段作者论述的目的和意图所在。文段首句点明了湿地的重要作用，接着进一步举例1998年长江大洪水的事例来证明湿地的重要作用。主题句通过转折性引导词"可是"提出，意在说明由于人类的破坏使湿地的作用无法发挥。因此作者论述的主要目的是呼吁人类应该反省自身对于环境破坏的过失，保护好湿地，使其重新发挥作用。所以选择C选项。

104 行为科学

答案：B。典型的总—分式行文脉络。首句为中心句，提出工作

中人际关系比较简单。第二句和第三句是对首句的解释说明。所以选择B选项。

105 发明家
答案：D。此题首句是中心句，转折之后强调"发明家处境困难"。后面两个句子是对前一句的解释补充。尾句用"然而"进行转折，强调"没有发明家这种职业，也没有人付给发明家薪水"。由首尾句综合即可判断得出D项正确。

106 潜在目标
答案：D。由题干知，大型游乐公园里有两个经营项目：现场表演与公园餐馆。从题干的陈述不难发现，第一个项目是为第二个项目服务的，即现场表演的目的，是通过对人群流动的引导，在尽可能多的时间里最大限度地发挥餐馆的作用。因此，D项恰当。

107 中国消费信贷市场
答案：C。本题属于词语理解题。要准确理解这个"硬币"的含义，关键在于明确"这个"代词的指代的内容。"虽然中国的消费者没有透支消费的习惯，而这个'硬币'的另一面是中国居民的个人负债率很低"，通过这句话可以看出"硬币"之前的代词"这个"讨论的是"中国消费者的消费习惯"问题，符合代词指代的就近原则，所以"硬币"指的就是"中国消费者的消费习惯"，所以选择C选项。

108 玉米年产量
答案：C。这段话第一句讲了美国玉米在全球粮食市场比重大(对应选项B)，第二句讲美国《新能源法案》影响世界粮食市场，第三句讲由于消费突涨，全球玉米库存出现历史低位(对应选

A),最后一句讲全球期货现货市场因此受到的影响。这四句话可以分为两个层次,前两句是一个因果关系,后两句是一个因果关系。而文段专拿美国为例,正是由于美国对全球粮食市场影响大,所以美国玉米20%被用于乙醇酿造是全球粮食紧张的真正原因,消费突涨只是诱因。所以文段强调的还是美国玉米政策对全球的影响。所以答案应当选C。

109 周庄旅游收入

答案:D。文段可分为两部分,第一部分叙述了周庄旅游发展情况,第二部分分析了出现前述现象的原因:陈逸飞的画向世界宣传了周庄。综合两部分,可以得出结论:文化传播可以成为城镇发展的重要契机。所以选择D选项。

110 "男女"和"阴阳"

答案:E。选项E认为"一个人的同一个行为,可以既有阴柔又有阳刚的特征",这显然与题干的"阴柔和阳刚区分人的行为特征"相矛盾,既然人的行为可分为"阴柔和阳刚",那么就不可能一个行为,可以既有阴柔又有阳刚的特征。

111 音乐欣赏

答案:C。分句1:音乐欣赏并非仅以接受而存在,还以反馈方式给音乐创作和表演以影响;分句2:它的审美判断和选择往往能左右作曲家和表演家的审美;分句3:每个"严肃的"音乐家都注意信息反馈,来改进自己的艺术创造。
三个分句结合,宏观推出C:音乐欣赏者的审美观对于音乐家来说也很重要。

112 商业设计

答案:C。 文段首句明确了观点,其后的内容则是对观点的

-199-

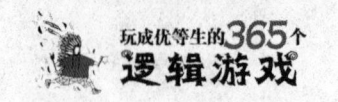

证明。因此明确了首句为主题句，其中存在一个转折性引导词"但"显示了明显的转折关系，所以"商业设计也许越来越被赋予艺术创作和欣赏的价值，但它根本的出发点和落脚点永远是把产品的特质用艺术的方式展现给顾客"一句的意思即：成功的设计必须能够艺术地展现产品特质。所以选择C选项。

113 非物质文化遗产
答案：D。原文段通过转折性引导词"但"引出主题句，即"但随着我国现代化建设的加速、文化标准化以及环境条件的变化，尚有不计其数的文化遗产正处于濒危状态，它们犹如一个个影子，随时都可能消亡"，这句话的意思显然是说："现代化建设的加速、文化标准化以及环境条件的变化"等诸多因素威胁着文化遗产的生存状态。所以选择D选项。

114 能源价格
答案：D。解此题的关键在于把握重点的引导词，文中通过"实际上"引导了主题句"如果我们遵循价格杠杆，甚至无需教育消费者，人人都会做出理智的选择"强调"价格杠杆对于调节能源流向的作用"。所以选择D选项。

115 炸弹按钮
答案：按下梳子旁的按钮，因为寓以"一触即发"的含意。

116 木条的含义
答案：暗示凶手姓"林"。

117 凶手的名字
答案：凶手是张森。从推理的角度来看，先把五个人的名字都看一遍"张宇、刘森、赵方、张森、杨一舟"，你会发现，如果凶手是赵方和杨一舟，那么被害人只写他们名字中的一个字就可以代表凶手了，因为没有其他人名中有相同的字，比如赵方的"方"或杨一舟的"舟"字，而"张宇、刘森、张森"这三个人的名字中有相同的字，如果凶手是张宇，被害人只写"宇"就可以了，所以不是他。同样，如果是刘森的话只写个"刘"就可以代表他了，所以凶手就只剩下张森了。

118 问路
答案："要女的走开"，"要"去掉"女"，即是"西"，就向西边走。

119 毛拉解难题
答案：毛拉幽默地笑道："我见他在地上画了个西瓜，便果断地'一刀两半'，告诉他两人各分一半；第二次他又画了个西瓜，我就不客气，把它分成四份，自己要三份，给他留下一份；后来他做手势，表示肚子饿了，想吃抓饭，我就做手势说，最好再添点葡萄干、甜枣和阿月浑子果之类的食物。我的回答与他的解释完全风马牛不相及，哪里是什么关于地理学的知识呢？"

120 奇诗
答案：巴黎人把诗分成上下两截来读。此诗的真正读法为：
让我们敬爱，永恒英吉利；让我们诅咒，世上的纳粹。我们要支持，海上的儿郎；唯我们应得，胜利的荣光。元首希特勒，是不配生存，那海外民族，唯一将永生。德国的元首，将断送远征；公正的责罚，唯军队有份。

121 一封妙信
答案：应一行隔一行读。

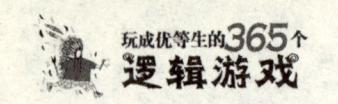

122 林肯的推理

答案：记账员被逼到门前时，背着门站立，他此时把拿笔的右手绕到背后，在门板上写下凶手姓名的头两个字。手放在背后时写的字上下左右都会反过来，NW就变成MN了。

123 秘密通道

答案：米勒的画与开关没有关系，那么，这"米勒"会不会是别的意思？是不是音符1234567中的3和2呢？"米"是3，"勒"是2。戈赫这么一想，就打开钢琴按了一下3和2的琴键，终于找到了秘密通道。

124 数字信

答案：打电话怕听错数字，0读成"洞"，1读成"么"，2读成"两"。这封全是数字的信，读起来，原来是这样的：

舅舅

不要吃酒吃酒误事

吃了二两酒不是动怒就是动武

吃了酒要被酒杀死

一点儿酒也不要吃

125 血写的X

答案：5根手指+X（10，罗马数字）=15。暗示凶手在15号房间。

126 怪盗基德的预告函

答案：乘着康乃馨的祝福——日期是母亲节。

绅士的一刻间——绅士和申时谐音，也就是下午3点；一刻，就是15分。所以时间是下午3点15分。

大地之子的礼物——大地之子指的是普罗米修斯，他送给人类火种。

潘多拉的魔盒——宙斯由于普罗米修斯帮人类偷了天火勃然大怒

而送来魔盒到人间惩罚人类。

所以是：母亲节那天15点15分取走《火种》。

127 神秘的暗号

答案：如果"狮子怒吼的开端"是指狮子座，狮子座的英文为Leo，开头字母为L；东方圣兽是龙，龙在十二生肖排名为5；王字拆开可谓十二（王中间的十和上下的二），空虚的鸿沟就是将L的两点相连所构成的直线，这样把5和十二当作L的那两条边长，勾股结果就是5的平方加12的平方的根号为13，答案就是13。

128 少尉破密函

答案："援队一时到。"破解的方法是逢五字抽一字，标点不算。

129 蒙太奇高校杀人事件

答案：案发当时刘伟正在用扑克告诉紫铃：I love you Ring。所以紫铃是站在他的身后，拔刀杀了他。扑克暗号的解法是：

黑桃：A—A 2—B 3—C 4—D 5—E 6—F 7—G 8—H 9—I 10—J J—K Q—L K—M

红桃：A—N 2—O 3—P 4—Q 5—R 6—S 7—T 8—U 9—V 10—W J—X Q—Y K—Z

130 报警的数字

答案：比利留下的这串数字指代了7、8、9、10、11这5个月份英文单词的词头：J—A—S—O—N，这说明绑匪是JASON（加森）。

131 密码电报之谜

答案：

8375 7464 3447 7416 9242 6271 5582 6376 5222 7305 3261 1244 3213 6288 9218

解密后3587 4476 4734 4671 2294 2167 5258 3667 2252 3570 2136 2414 2331 2868 2891

密文 明天下午二点在你对面的府房间见

是这样破解的：密码最后重复两遍的2413是密匙，把前面的数字按2413重新排序，得到一组四位原码，把这组原码，按区位输入法输入电脑，就可以得到如下文字：明天下午二点在你对面的2414房间见。所以电报是发给赵先生的，他是特务。

第3章 字母逻辑游戏

132 字母接龙（1）

答案：A。此题中左边三个字母的开口数分别为0、1、2；右边的前两个字母的开口数分别为1、2，因此第三个字母的开口数应是3，即为字母W。

133 字母接龙（2）

答案：C。题干中的字母图形均为开放性图形，即封闭空间数为零，因此选择封闭空间数也为零的C项。

134 字母接龙（3）

答案：C。本题是按照字母中可拆分的线条数进行计算的，左边三个字母的线条数均为3，右边前两个字母的线条数同为2，因此选择C项两个线条的字母L。

135 字母与数字（1）

答案：B。数字代表字母在字母表中的序号。

答 案

136 字母与数字（2）

答案：A。将字母在字母表中的排序"颠倒"，便是该字母对应的数字，例如A对应26，B对应25。

137 按规则填字母（1）

答案：

A			
	B		
		C	
			D

①

A			
	B	A	
	D	C	
			D

②

A	C	D	B
	B	A	
	D	C	
C	A	B	D

③

A	C	D	B
D	B	A	C
B	D	C	A
C	A	B	D

④

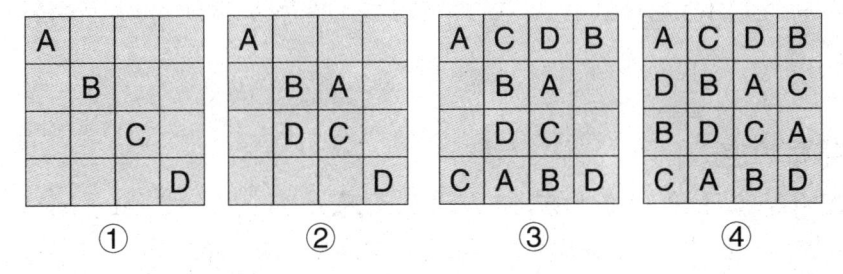

138 按规则填字母（2）

答案：如图：

C		A	B
	B	C	A
A		B	C
	C	A	B
B	A		C

139 按规则填字母（3）

答案：

B	D		C	A	
A		C		B	D
C		D	A		B
	A	B	C	D	
	B		D	A	C
D	C	A	B		

-205-

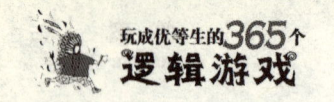

140 字母等式

答案：？=7。右边数字为等式左边字母出现的直线数减去曲线数而得。

141 字母键盘

答案：D。在其他三个选项中，你都可以按顺时针方向找到这一顺序——BGBGRBGR，而在D中，这个顺序是按逆时针方向排列的。

142 字母填空

答案：J。上下两行字母包含了两个交叉序列：A—E—I—M—Q，在字母表中依次前进四个位置；Z—V—R—N—J，在字母表中依次后退四个位置。

143 差别最大

答案：F。其余四个字母都具有对称性，或上下对称，或左右对称。

144 多余的字母

答案：A中为F，B中为X。字母按次序依次增加，且间隔两个字母。

145 特殊的字母

答案：C。因为其他三个字母都是由三条直线构成。

146 哪一个是特殊的

答案：LMOP。其他字母间的规律是：第一个字母跳过一个为第二个字母，第二个字母跳过一个为第三个字母，第三个与第四个字母是依字母表顺序排列的。

147 字母推理

答案：T。字母D的曲线数目以及直线数目和字母P一样，而T和L一样。

148 字母的规律

答案：这列数字是按英文数字1—9的头一个字母排列的，则下一个是N，即Nine。

149 字母填空

答案：？=I。各字母的数值均为它在字母表中的倒序数，如A=26，B=25；第一行的字母+第三行的字母=第二行的字母，所以K（16）+Y（2）=I（18）。

150 字母转化

答案：E。从A到Z，第一排的字母向前移两个字母。第二排的字母向前移三个字母，第三排的字母向前移四个字母。

151 "Z"的颜色

答案：字母Z应该是白色的。因为按照笔画顺序，所有的白色字母都是一笔写完，而黑色字母就不能一笔写完了。

152 找规律填字母

答案：L。从T开始，先沿左边向下，每个字母的位置号加2即为下一个字母的位置号；从T开始，沿右边向下，每个字母的位置号减2，即为下一个字母的位置号。

153 破解字母密码

答案：U。按照字母间隔的规律顺序。

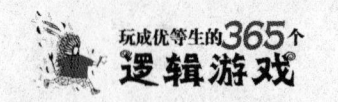

154 字母卡片

答案：M/G。第一行递减2个值，第二行递增1个值。

155 字母转盘

答案：Z。对角间隔4个字母。

156 字母方圆

答案：K。从C开始，顺时针间隔一个字母。

157 字母围墙

答案：I、S。左边一列从上到下间隔两个字母，右边一列从上到下间隔三个字母。

158 字母通道

答案：J。图形中间字母在字母表中的位置位于两对对角线的中间位置。

159 字母窗口

答案：S。考查字母的间隔规律：第一行间隔两个字母，第二行间隔三个字母，第三行间隔四个字母。

160 字母大厦

答案：R和G。第一行第一个字母为D，第二行第二个字母为E；第一行第二个字母为O，第二行第一个字母为P。由此，可观察出这种特殊的对应关系。再观察第四、五、六行，也是这种对应关系。因此，可以很容易推知，方框内缺失的字母是R和G。

161 字母十字架

答案：Y和O。从中间的字母入手，外围的字母上下左右分别间隔4、6、3、1个字母。

162 字母正方形

答案：E和L。逆时针方向依次增4个字母。

163 字母桥梁

答案：（1）Q，（2）N，（3）U。此题并非考查字母间隔问题，而是把从A到Z的26个字母编上序号，每个字母代表其序号数，纵向三个字母的和相等，且恰好等于中间字母的序号。

164 字母瓶颈

答案：从左到右依次是Q、I、F、T。纵向依次间隔1、2、3、4个字母。

165 字母纵横

答案：O。横向间隔3个字母，纵向间隔1个字母。

166 字母连环

答案：P。左上到右下依次间隔一个字母，图形中央字母恰好位于右上和左下字母的中间位置。

167 字母铺路石

答案：

（1）B。从左到右，每列两个字母之间的间隔字母个数分别为2、4、6、8。

（2）W。横行两个字母之间间隔5个字母。

168 字母向心力

答案：L。设A=1，B=2，……Z=26，相互连接的三个数，边

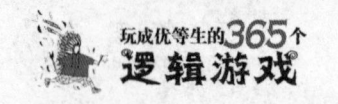

上的两个的和除3得中间数字代表的字母。

169 字母密码本
答案：L。第一行每两个字母之间间隔一个字母，第二行每两个字母之间间隔两个字母，第三行每两个字母之间间隔三个字母……以此类推。

170 字母的数字含义
答案：每个字母代表的数字是这个字母所拥有的端点数。例如D是0，M是2，T是3，所以最后一个等式的答案是（4/2）+3-4=1。答案是P（Q也有可能，这取决于你怎么去写）。

171 缺少的字母
答案：R。C、A、M的正数序之和为17，E、R、A的正数序之和为24，二者之差为7。

172 找规律填字母
答案：G。字母之间的关系是：按字母表顺序，先向前移动五个字母，再退回两个字母，反复进行。

173 看图片找规律
答案：L。每行中心字母的位置号是左右两字母位置号的乘积。

174 数字和字母的关系
答案：K。每行中间数字等于左侧字母的正序值加上右侧字母的倒序值。

175 数字和字母
答案：8。从H开始，按顺时针方向用第一个字母在26个英文字母表中的位次数，减去第二个字母在字母表中的位次数，得数即为下一角的数字。

176 "数字+字母"圆盘

答案：A=24，B=3。设Z=1，Y=2，……A=26，将值代入，会发现对角的数字完全相同。

177 "数字+字母"转盘

答案：B。 根据26个英文字母的位次顺序，图中每个字母的位次数是其对面扇形中数字的2/3。

178 破解"数字+字母"密码

答案：36。设A=1，B=2，……Z=26，代入后发现字母的代号的平方是其对角线位置的数字。

179 "数字·字母"正方形

答案：10。根据字母在英文字母表中的位次数。从E开始，按顺时针方向，加1，加2，加3，加4，加5，然后再加1，……依此类推。

180 填什么数字

答案：27。从左端下面A开始，图中字母按字母表顺序出现，但每次省略两个字母，图中数字代表省略的两个字母位置号之和。当到达字母表末尾时，再次从头开始。

181 填什么字母

答案：GC—73。中间框中的两位数中，十位上的数字表示前后两个框中的前一个字母在字母表正序和倒序的位置号，个位上的数字表示前后两框中后一个字母在字母表正序和倒序的位置号。

—211—

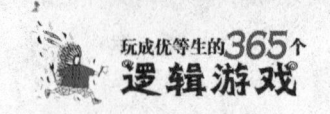

182 填字母完成谜题

答案：L。图中字母遵循两个顺序：奇数位上的字母沿正序排列的字母表依次间隔1、2、3、4位：A(B)C(DE)F(GHI)J(KIMN)O；偶数位上的字母沿逆序排列的字母表依次间隔1、2、3、4位：Z(Y)X(WV)U(TSR)Q(PONM)L。

183 缺失的字母

答案：S。根据26个英文字母的位次数，用上面的字母值与右面的字母值之和，减去左面的字母值与下面的字母值之和，得数即为中间的数字或者中间字母的数值。

184 找规律

答案：K。每个图形中，字母按照字母表顺序顺时针方向移动，由左至右，第一个图形中字母每次分别前移3位、第二个移4位，第三个移2位。

185 字母方阵

答案：（3）。从左上角开始按顺时针螺旋方向，每次间隔一个格子，数到最后即可得出结果。

186 找出三个数字

答案：罗马数字中，5、10、15分别表示为V、X、L。这几个字母都只出现了一次。而英文five、ten、fifteen都没有出现。

187 藏宝箱

答案：上下两个"？"分别是49和44。每个单词后面的数值都等于该单词第一个、中间和最后一个字母在字母表中序号之和，所以S+K+S=19+11+19=49，Y+E+N=25+5+14=44。

第4章 图形逻辑游戏

188 图形接龙（1）
答案：B。根据图(1)、(2)显现出直线变曲线、曲线变直线的规律，从图(3)到选项B符合这个规律。

189 图形接龙（2）
答案：C。每组中前两个图形是直线图形，第三个是曲线图形(椭圆)。

190 图形接龙（3）
答案：C。主图每行的直线和曲线图形的分布为：曲、直、直；直、曲、曲。C是直线图形，可使第三行的结构为：曲、直、直，使每行组合构成循环规律。

191 图形接龙（4）
答案：C。图中全部是封闭图形，且封闭图形没有数量关系。

192 图形接龙（5）
答案：C。主图每行都由封闭图和开放图混合组成。第一行：闭、开、闭；第二行：开、闭、开；第三行：闭、开、(？)。每列上也同样遵循这样的规律。选项中也仅有C是封闭图形。

193 图形接龙（6）
答案：C。观察题干所给的图形，每个图形中都有阴影，这便是这几个图形最大的相同点，进一步看阴影，发现每个图形都有两部分阴影，并且这两部分的面积相等，查看选项，只有C符合这一特征。

194 选出下一个图形（1）

答案：D。本题图形的边数依次为3、4、5、6，下一项应为7条边，只有D项符合。

195 选出下一个图形（2）

答案：A。前四个图形中的黑色方块依次顺时针移动2、3、4格得到下一个图形，依此规律，所求图形应由第四个图形顺时针移动5格。故选A。

196 选出下一个图形（3）

答案：B。所给图形中，长线段依次呈顺时针90°旋转，短线段依次呈顺时针45°旋转，满足条件的只有B。

197 选出下一个图形（4）

答案：C。这是道要求按自然数列排列题干中各图形短线"出头"数目的题。经简单计算可知，现有的五个图形短线出头数目依次是3、5、1、2、0，缺少4。故只有C选项符合要求。

198 选出下一个图形（5）

答案：D。所给图形规律为：每一个图形内部包含的不同元素数量依次为1、2、3、4，则第五个图形应含有5个元素，且原图形组中每个图形内都有两个元素是相同的，那么，符合此规律要求的只有D项。

199 选出下一个图形（6）

答案：C。所给图形的组成元素的种数分别是1、2、3、4、5，呈等差数列。故选C。

200 对调铅笔

答案：如图所示，对调后，深浅色铅笔数量有所变动，变成7支浅色铅笔，6支深色铅笔了。

201 三色连线

答案：

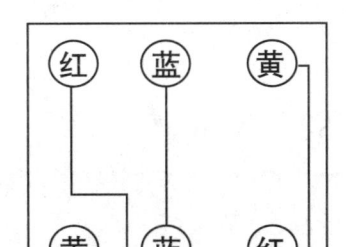

202 男女有别

答案：

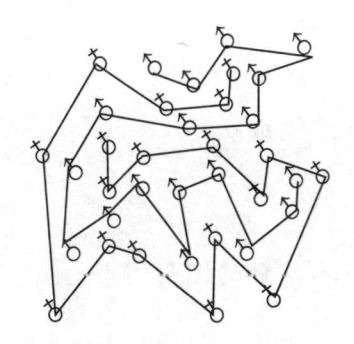

203 巧分挂表

答案：

—215—

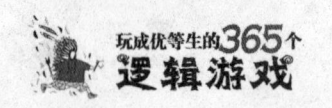

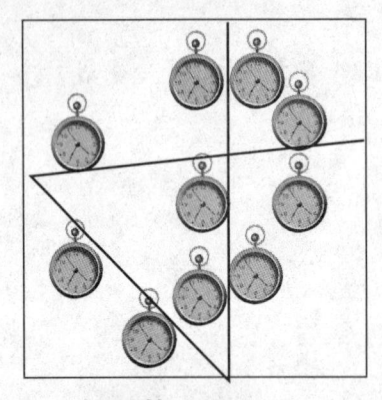

204 相反的一面

答案：A图与给定的图左右相反。

205 叠放的布

答案：正确的顺序是D，即1→3→4→5→2→6。

206 余下的一个是谁

答案：E。A是C的映像，B是D的映像，剩下的是E。

207 不同的正方形组合

答案：E。这5个图形中只有它左右颜色不对称。

208 找不同

答案：D。此图由5条线构成，其余由6条线构成。

209 与众不同的图形

答案：C。图形C是唯一正方形与三角形不接触的图形。

210 哪一个与众不同

答案：C。其他三个图形中，中间的大图形可以由两部分小图形拼合而成。

211 看图片，找规律
答案：B。两种图形分别变化，每次比前一次消失一部分。

212 找规律，选图形
答案：B。圆形移到最上端，三角形掉进最大的图形内部，且上下倒置。

213 图形变化
答案：D。规律是：左边的小圆逐渐右移，底端的小圆逐渐上移。

214 选图形
答案：A。顺时针旋转。

215 符号序列
答案：B。里面的图形每次按逆时针方向转30度。

216 图形分类
答案：E。每个图形每次旋转一格。

217 填补空白
答案：D。每行每列都遵循下列规律：图形中先增加一条线，保持不变一次，然后再增加另外一条线。

218 跷跷板
答案：1个菱形。4个菱形=3个向右的箭头=6个向上的箭头。

219 找规律，选择合适的图案
答案：D。半圆按顺时针方向移动，其他图形也按一定规规律转动。

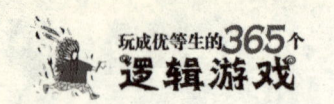

220 平面拼合

答案：B。第一幅图左上和第三幅图右下有一条共同的直线，拼合在一起，第一幅图右下和第四幅图左上有一条共同的直线，拼合在一起，第四幅图右侧和第二幅图左侧有一条共同的直线，拼合在一起，由此可得B项。

221 找出同类图形

答案：A。原图形由一个三角形和一个四边形组成，四个选项中只有A项能还原成原图形。

222 适合的图形

答案：E。

223 包装盒

答案：B。

224 找出对应纸盒

答案：C。由左边图形可以看到，带对角线的两个面是相对面，不可能相邻，因此C项不符合要求。

225 不同寻常的保险箱

答案：首先应按内圈中处于4点钟位置的1A按钮。

226 看图片找规律

答案：3条。翻转第1条、第3条和第6条，或许你通过星形图案已经做出了判断。

227 神秘符号

答案：第三个符号可以再次出现。将字母A、B、C、D、E、F

分别等分成4部分，取左下角，并沿水平和竖直方向各投影一次，就可以得到题中的6个图形，依据这个逻辑就可以找到答案。

228 应填入什么符号

答案：应该填入△。其排列规律是从中心向外，按照○、△、×的次序逆时针旋转着填充。

229 不相称的图

答案：D。因为A、B、C三个图形都是由逆时针折线组成的，而D则是由顺时针折线组成的。

230 找不对称图形

答案：B。把ABCD重新排列一下就可以清楚地看出来。

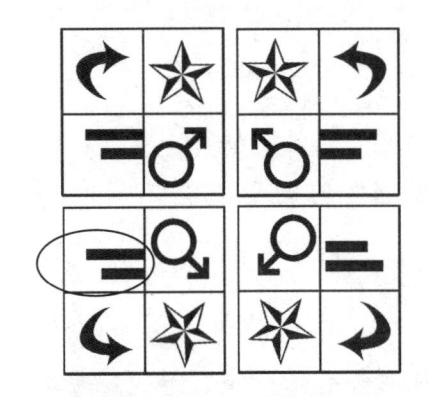

231 图形填空

答案：B。按从左至右和从上至下的顺序，每横排与每竖排前两块图形的相同部分不在第三块中出现。

232 右下角是什么图

答案：C。它的规律是，每一横排中央的图形减去它左边的图形，就变成它右边的图形。

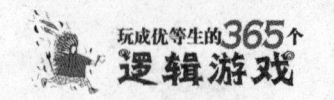

233 奇异金字塔

答案：E。每个六边形内的图案是由它下面两个六边形内的图案叠加而成，但重叠的线条不在叠加后的图形中出现。

234 金字塔之巅

答案：D。由观察可知，每一行相邻的两个图形圆内的部分去掉相同的部分，留下不同的部分，成为上一行的图形。按照该规律，正确答案应该是D。

235 金字塔的推理

答案：E。每个图形都和它下面的两个图形有联系。在每个图形上面不会出现相同的图形，图形是按下列规则产生的：

◯ + ⌒ = ♤
⌒ + ◇ = ♡
♤ + ♡ = ⌒
♡ + ♡ = ◇

因此，▩ + ◯ 一定会等于一个与其他任何图形完全不同的图形，在所给的选项中，只能是♣。

236 找出另类（1）

答案：C。A、B、D图形中正方形内都含有平行线，只有C项正方形内没有平行线。故选C。

237 找出另类（2）

答案：H。曲线图形与曲线图形组合为曲线图形，其他组合均为直线图形。但是H例外。所以正确选项为H。

238 找出下一个字符

答案：B。第一行的封闭面积的个数依次是2、3、0，这三个数字满足2+3+0=5，第二行的封闭面积的个数依次是1、2、2，仍然满足1+2+2=5。即每一行封闭面积的个数相加都是5。那么第三行封闭面积的个数仍然是1+2+？=5，从而正确答案是B。

239 图形延续

答案：A。从题干可得出的规律是：第二行与第一行比，第三行与第二行比，第四行与第三行比，每个符号均向后延1个、2个、1个格，依此规律，正确选项为A。

240 方格涂色

答案：至少要涂9个方格才能使每个4×4的正方形内都有5个黑格，具体如图所示。

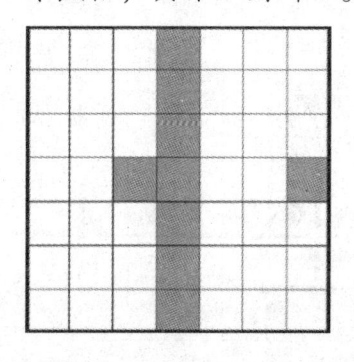

241 涂色游戏

答案：题目的关键在于涂两种颜色，有一种颜色要涂两次，且相同颜色不能相邻。为此，有一个或两个图形不涂色（即白色）即可满足要求。

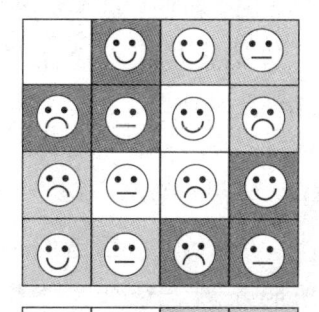

242 胶滚滚涂图案

答案：C。观察胶滚上的三个三角形的分布状况可以知道，胶滚从左往右滚，最先接触到墙壁的是中间的三角形，当中间的三角形的对称轴接触到墙面时，其他两个三角形同时开始接触墙面，据此，选C。

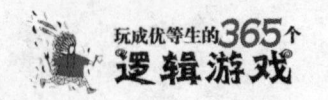

243 巧选图形
答案：B。规律是下一个图形的外圈应该在第五条线后空一段，且外圈有10条线，满足条件的是B。

244 选出合适的
答案：A。图1和图2其实是相同的图形，只是旋转了一个角度而已。图3和A图相同。

245 点线组合
答案：D。规律是：每幅图都在前一幅图的基础上增加一个带黑点的V形，新增V形的一条边与前一个V形不带黑点的边重叠，且新增V形所带黑点在V形的起首和末端交替放置。

246 图形匹配
答案：A。中间图形变成了外部图形。

247 图形规律
答案：A。规律是每一横行的第三格是前两格的叠加，叠加规则是：一个白圈或一个黑圈保留不变；两格黑圈叠加变白圈；两个白圈叠加变黑圈。

248 正方形的规律
答案：C。规律为：正方形每一次按顺时针方向转动90度，阴影所在部分也随之按顺时针方向转90度，并且阴影每次前移一个图形。

249 找规律
答案：B。规律为：直线段的数目成倍增加。

250 巧分三星
答案：

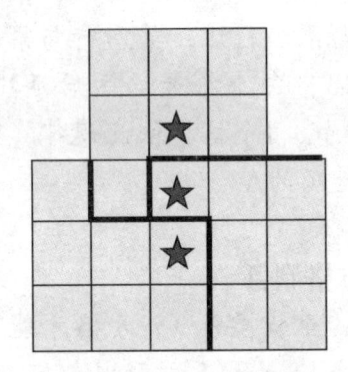

251 蜘蛛空间
答案：

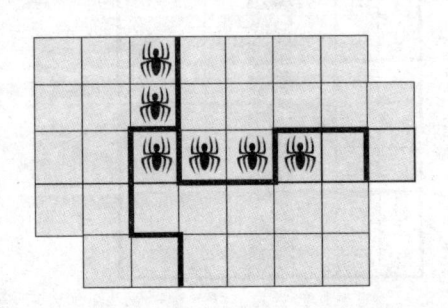

252 等分图形

答案：

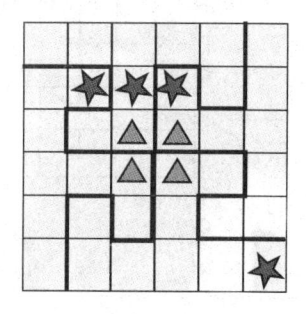

253 十全十美

答案：

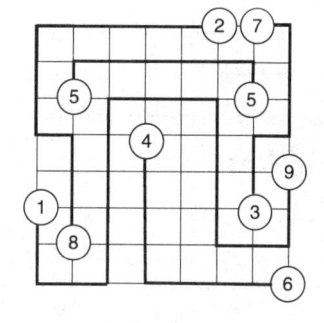

254 心中有数

答案：B。填入方框后，5×5方阵中，每一行和每一列及对角线上都只出现一个红心。

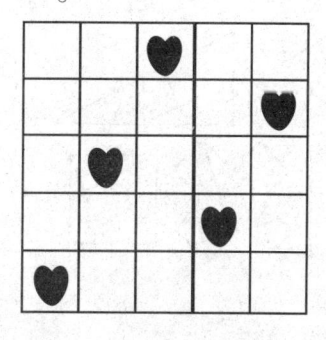

255 智力拼板

答案：

256 四J拼方

答案：B。

257 最大面积

答案：图形5的面积大。其余的面积相等，都占5个格的面积。

258 有多少个呢

答案：28个三角形。

259 复杂图形

答案："复杂图形"中有15个正方形，有72个三角形。

260 找图形

答案：

1.14个。2.7个。3.2个(分别由1、6、7、9、11、12和1、4、6、10、11、12组成)。

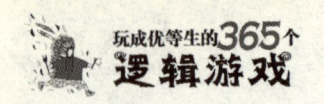

261 更多三角形

答案：这里给出了7个三角形的画法。

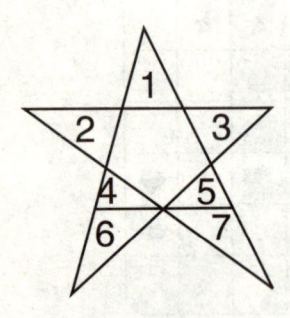

262 穿过花心的圆

答案：从图中可知，没有3个花瓣在一条直线上，所以，任意选取1个黑花瓣、1个灰花瓣和1个白花瓣，其3个中心可以构成一个三角形，必然可以画出一个圆经过三角形的3个顶点，所以，总共可以有2×2×2=8个圆。

263 巧妙分蛋糕

答案：如图可切出11片。

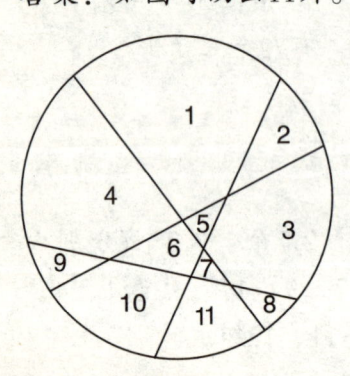

264 剪拼成方

答案：

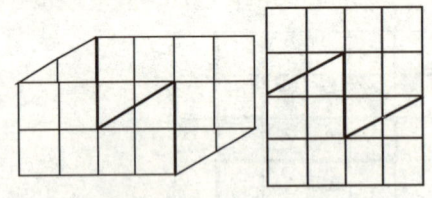

265 巧拼矩形

答案：

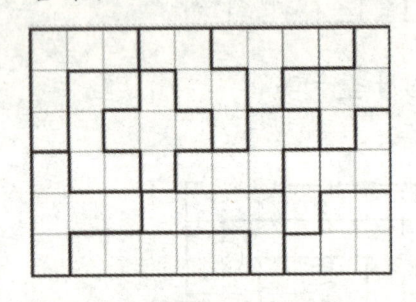

266 两个正方形

答案：

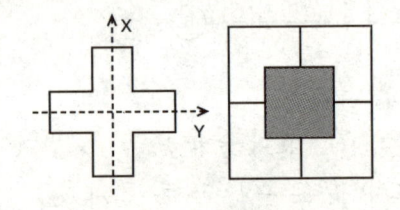

267 通向数学的捷径

答案：

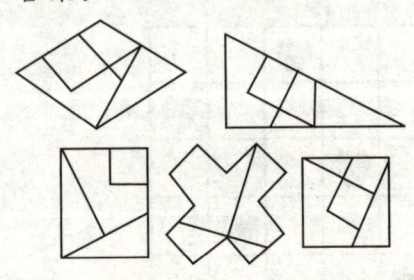

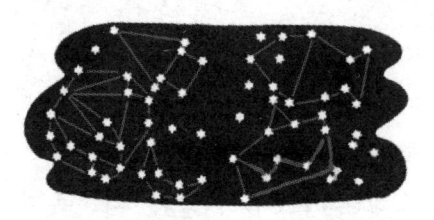

268 趣味看图
答案：

269 环形内外
答案：确定一个点在里面还是外面，只要从该点出发画一条直线至环外的区域，然后计算这根线与环相交的次数，如果与环相交的次数是奇数，则该点在环内，如果与环相交的次数是偶数，则该点在环外。

270 侧影拼图
答案：

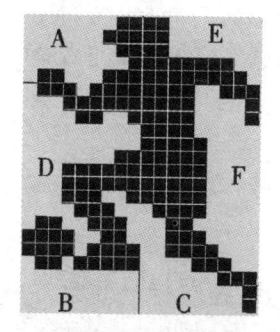

271 难倒大侦探
答案：你只要把图中带点的碎片涂上颜色就可以知道了。

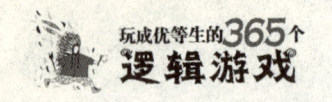

第5章 逻辑探案游戏

272 是否有罪
答案：山姆肯定有罪。推理如下：如果汤姆无罪，那么，罪犯就是山姆或吉宁士。假如吉宁士是罪犯，由于他不伙同山姆决不作案，所以，山姆有罪。如果汤姆有罪，由于他不会开车，他必定要伙同山姆或吉宁士一起作案。如果汤姆伙同吉宁士，由于吉宁士不伙同山姆决不作案，所以山姆还是有罪。

273 该释放谁
答案：从1号牢房的人的回答可以推知：1号牢房里的人不是牧师；进一步推知：3号牢房里的人说假话，即3号牢房里的人不是牧师。由此可知：牧师在2号牢房；骗子在1号牢房；赌棍在3号牢房。

274 谁是凶手
答案：丹是射杀派克的凶手。理由如下：根据条件2和条件3可知首领是曼逊。根据条件2、条件4、条件5可知，凶手不是里克和卡尔，所以，只有丹可能是射杀派克的凶手。

275 警方判断
答案：警方的判断是正确的，鲍尔和凯特是这起盗窃案的案犯。除了回答不知道的史密斯，其余5人中刘易斯说的全不对，鲍尔、达利、吉姆、凯特都只说对了一个人。

276 警长判案
答案：
1.如果b是清白的，则根据事实1，a和c是有罪的。
2.如果b是有罪的，则他必须有个帮凶，因为他不会驾车；再次证实a和c有罪。

3.因而,第一种可能是a和c有罪;第二种可能是c清白,a有罪。第三种可能是a清白,c有罪,则根据事实2,a同样有罪。

结论:a犯了盗窃罪。

277 张三有罪吗

答案:在这个案子里,张三肯定是有罪的。

可以这样来分析判断——

如果李四无罪,那么,罪犯就或是张三,或是王五。假如张三就是罪犯,那他当然有罪。而假如王五是罪犯,那他一定是和张三共同作案的(因为他不伙同张三是决不作案的)。所以,在李四无罪的情况下,张三是有罪的。

如果李四有罪,那么他必定要伙同一个人去作案(因为他不会开汽车)。他或者伙同张三,或者伙同王五。如果伙同张三,那么张三当然有罪。如果伙同王五,那么张三还是有罪,因为王五只有伙同张三才会作案。

或者李四无罪,或者李四有罪,总之,张三是有罪的。

278 是否参与作案

答案:如果丙作案,则甲是从犯;如果丙没作案,则由于乙不会开车,不会单独作案,因此,甲一定参与作案。丙或者作案,或没有作案,二者必居其一。因此,甲一定参与作案。

279 珠宝商店失窃案

答案:B。应用直言命题的矛盾关系来解题,互为矛盾的两个命题必有一真一假,上述命题中乙和丁是互为矛盾的命题,可见必有一假一真,而题干说明四个人的口供只有一个是假的,那么可以断定甲和丙说的是真话。由甲说的是真话,可推出案犯是丙;由丙说的是真话可推出丁是主犯,可见丙是罪犯,丁是主犯,从而再来分析甲和丁之间谁说的是真话和假话,显然可以推断出说

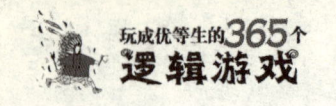

假话的是丁，所以选择B。

280 杀人犯、抢劫犯和无辜者
答案：首先，因为无辜者是不会自称抢劫犯的，所以，A不可能是无辜者。这样A或者是杀人犯，或者是抢劫犯。

假定A是抢劫犯。如果A是抢劫犯，B就不可能是抢劫犯了，抢劫犯只有一个。这样，B就是无辜者。这样一来，A、B、C三人分别是抢劫犯、无辜者、杀人犯。杀人犯是说假话的。C说："我不是抢劫犯"，此话假，那么，C就是抢劫犯了。这样，抢劫犯就有两个了，与设定的条件矛盾。因此，设A是抢劫犯是不能成立的。因此，A是杀人犯。这样，B的话成了假话。他必定是抢劫犯(既然A是杀人犯，B不会也是)。由此可见，A是杀人犯，B是抢劫犯，C是无辜者。

281 找出武器
答案：C盒子里有匕首。因为A盒子上的话和D盒子上的话不能同时都是假的，所以能断定C盒子里有匕首。

282 谁是领头
答案：李四。如果张三说的是实话，那李四、阿七说的也没错。但只有一个人说实话，可见张三、李四、阿七说的都是假话，只有王五说的是实话，李四是头。

283 嫌犯家庭的性别组成
答案：从"甲有3个妹妹"、"乙有1个哥哥"，可知全家共有3个女的。再从"丙是女的，她有两个妹妹"及"戊有2个姐姐，己也是女的，但她和庚没有妹妹"，可以推出丙、己、丁是女的，其余甲、乙、戊、庚是男的。

284 家庭谋杀案

答案：由年龄最小者和死者是异性，可知死者不是年龄最小者。又，从犯比死者年龄大，可知从犯是父或母。又，年龄最大者和目击者是异性，而父亲年龄最大，因此，目击者是女性。又，从犯和目击者是异性，故从犯是男性因而是父亲。如果死者是女性，则由年龄最小者和死者是异性，可知年龄最小者是男性并是凶手（因为目击者也是女性），但由于"凶手不是年龄最小者"，因此，死者是男性即儿子，并因而年龄最小者是女性，即女儿。同样因为凶手不是年龄最小者，所以，凶手是母亲，女儿是目击者。

285 姻亲关系

答案：1是D讲的；2是B讲的；3是E讲的；4是C讲的。B和C是兄弟俩；A是B的妻子；E是A的母亲；D是C的女儿或儿子。

286 星期几干的

答案：7个人观点如下：张三：星期一；李四：星期三；王五：星期二；赵六：星期四、五、或者日；刘七：星期五；孙八：星期三；周九：星期一、二、三、四、五或六。综上所知，除了星期日外，都不止一方说到，因此，今天是星期日，赵六所说正确。

287 对号入座

答案：知道D坐在A对面，那么D和A一定在2、5的位置上，又知F与A不相邻，那么A应在2号位置，D在5号位置，因为B在F的右面，所以4号是B，6号是F。

288 三个珠宝箱

答案：无论哪个打开一个就行。比如，打开贴着钻石标签的箱

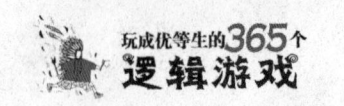

子，如果里面放的是蛋白石，那么钻石就一定装在贴着红宝石签的箱子里。因为如果钻石装在蛋白石签的箱子里，那么剩下的红宝石就只能装在红宝石签的箱子里了，这是有悖于试题题目的。这样，如果知道了蛋白石签的箱子里装的是红宝石，那么就可以把3个标签换到与各自箱内东西相符的箱子上。

289 竞选黑老大
答案：因为按B的相反意见去办，其正确率可达70%。而A的判断只有60%是正确的，相比之下，正确率当然要小了。对某种判断，如果从反面去推究，往往会得出意想不到的结果。

290 藏宝图
答案：乙箱。假设甲箱上的字条是真的，那么"乙箱上的字条是真的，而且黄金在甲箱"的两个陈述都是真的。如此则乙箱的字条说的是真的，看看它上面写着什么：

"甲箱的字条是假的，而且黄金在甲箱"这边的"甲箱的字条是假的"则违反了最初的假设，因此不成立。

如此可推论甲箱上的字条是假的，即其中至少有一个陈述是假的，可能是：1.乙箱的字条是假的。2.黄金在乙箱。

若1.乙箱的字条是假的，则表示甲箱的字条是真的（已经证明是不成立的），或是黄金在乙箱。无论如何，黄金一定在乙箱。

291 警察局里的拔河比赛
答案：丁组。因为甲+乙=丙+丁，丙+乙<甲+丁，甲<乙，丙<乙。可得：甲+乙—丙=丁，丁>乙+丙—甲。所以甲>丙，乙<丁。因此，丁组力气最大，乙组第二，甲组第三，丙组最小。

292 谁是最佳警员
答案：3。其实这道题中，只有第一个断定是有用的，另外两个断定都是干扰项。因为C的票数多于D，但是E并没有得到最佳警员。根据第一个条件：如果A大于B，并且C大于D，那么E得最佳警员，现在C大于D成立，但是E没有得最佳警员，那么显然A大于B这个条件不能成立。也就是说A的票数不比B多。所以3是正确的。其他的情况，要注意的是，有可能会有票数相同的情况出现，所以不能断定其他3个选项是否是正确的。

293 黑老大的行踪

答案：星期四。1.当天不可能是星期天，因为星期天两人都会说真话，则胡梭应该会说他昨天（星期六）说真话才对。

2.当天不可能是星期五或星期六，因为那两天巴道说谎话，则他应该说他昨天（星期四或星期五）说真话才对。

3.当天也不可能是星期二或星期三，因为那两天胡梭说谎话，则他应该说他昨天（星期一或星期二）说真话才对。

4.当天也不可能是星期一，因为当天胡梭说谎话，巴道说真话，则胡梭应该说他昨天（星期天）说谎话，而巴道应该说他昨天说真话才对。

5.所以，答案就是星期四。因为当天巴道说谎话，胡梭说真话，则巴道应该说他昨天（星期三）说谎话，而胡梭应该说他昨天（星期三）说谎话。符合题意。

294 是谋杀吗

答案：假设甲死于谋杀，则三人中有一个撒谎，与自杀的条件矛盾；假设是自杀，则三人说得都对，也与条件矛盾。因此，甲死于意外事故。

295 箱子里的东西

答案：4。第一个箱子和第四个箱子上写的话是矛盾的，所以必有一真，必有一假。因此第二、第三个箱子上的话是假话。从而

推出第三个箱子中有遗物。

296 叽里咕噜

答案：不管A是盗窃犯或不是盗窃犯，他都会说自己"不是盗窃犯"。如果A是盗窃犯，那么A是说假话的，这样他必然说自己"不是盗窃犯"；如果A不是盗窃犯，那么A是说真话的，这样他也必然说自己"不是盗窃犯"。

在这种情况下，B如实地转述了A的话，所以B是说真话的，因而他不是盗窃犯。C有意地错述了A的话，所以C是说假话的，因而C是盗窃犯。至于A是不是盗窃犯是不能确定的。

也可以用假设法来判断：设A是盗窃犯，则无解（这样A和C都撒谎）；A不是盗窃犯，则A说真话，B招供符合，C撒谎。所以C为盗窃犯。

297 Bal和Da是什么意思

答案：他向这个土著提的问题是："你是总说真话的人吗？"或者是："你是总说假话的人吗？"根据这个土著的回答，就可以确定"Bal"和"Da"是什么意思。因为对于"你是总说真话的人吗"这个问题，无论是对岛上哪一种居民来说，都只能有一个回答："是。"既然这样，"Da（或Bal）"就是"是"的意思了。对于"你是总说假话的人吗"这个问题，唯一的答案是"不是"。这样，"Da（或Bal）就是"不是"的意思。

298 嫌疑犯的血型

答案：先作如下分析：

1.假如张三记错，那么张三不是A型，而李四是O型，小赵是AB型，因此张三必为B型，小钱必为A型。与小钱说的"我不是AB型"没有矛盾。

2.假如李四记错，这种情况实质上与1相同，没有矛盾。

3.假如小赵记错,那么小赵不是AB型,而张三是A型、李四是O型。于是小赵是B型,小钱是AB型。这与小钱说的话不符,这也是不可能的。

4.假如小钱记错了,那么小钱是AB型,于是小赵不是AB型,这与小赵说的话不符,这也是不可能的。

由上可知,4人中要不是张三记错,那便是李四记错,所以只可能是上述两种情形中的一种。

299 并非办案干练

答案:根据3和5,如果甲非常聪明,那她也多才多艺。根据5,如果甲办案干练,那她也多才多艺。根据1和2,如果甲既不办案干练也不聪明,那她也是多才多艺。因此,无论哪一种情况,甲总是多才多艺。根据4,如果丙非常漂亮,那她也多才多艺。根据5,如果丙办案干练,那她也多才多艺。根据1和2,如果丙既不办案干练也不漂亮,那她也是多才多艺。因此,无论哪一种情况,丙总是多才多艺。

于是,根据1,乙并非多才多艺。再根据4,乙并不漂亮。从而根据1和2,乙既聪明又办案干练。再根据1,甲和丙都非常漂亮。于是根据2和3,甲并不聪明。从而根据1,丙很聪明。最后,根据1和2,甲应该很办案干练,而丙并非办案干练。

300 狱卒看守囚犯

答案:2519个囚犯。

2519÷3=839张桌子,剩下2个人;

2519÷5=503张桌子,剩下4个人;

2519÷7=359张桌子,剩下6个人;

2519÷9=279张桌子,剩下8个人;

2519÷11=229张桌子,刚好。

—233—

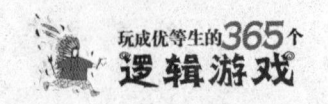

301 囚犯和头发的数量

答案：A监狱囚犯的总数最多不可能超过518人。如果囚犯的人数超过518人，则编号大于518的囚犯的头发的数量就会与他们的编号相等，破坏了上面的第二个条件，使得囚犯的总数不可能比任何一个囚犯头上的头发的总数要多。因此，A监狱囚犯的总数不可能超过518人。

302 男嫌犯的家庭情况

答案：以100个男嫌犯为基数，那么每100个男嫌犯中：

15人未婚；

30人没有电话；

25人没有汽车；

20人没有自己的住房。

有可能90个男嫌犯各不相同，这就意味着，有老婆、电话、汽车、房子的男嫌犯仅10人。

303 警车去向

答案：要分析第一个警员司机的目的地，必须抓住"恰有2辆开往A市，有3辆开往B市"，以及第二、第三个警员司机都说"不知道"这些关键条件深入分析。

根据第三个警员司机说自己不知道开往何处，说明第一辆和第二辆车不是都开往A市，否则第三辆车的警员司机应该知道自己是开往B市的，即：

1. A B B

2. B A B

若第一辆车是开往A市的，则第二辆车的警员司机应能够判别自己是开往B地的，但由题设第二辆车的警员司机不知道自己开向何处，所以第一辆车不是开往A市的，故第一辆车的警员司机应该断定自己开往B市。

304 嘉利与珍妮

答案：当时是上午，个子稍高的是姐姐嘉利。

我们可以用假设法来解此题。

假设当时是下午，那么嘉利是说假话的，珍妮是说真话的，因此当看管问"你们当中哪个是嘉利"时，无论稍高的还是稍矮的都会说"不是我"，而她们俩却都说"是我"。可见当时不是下午，而是上午。

既然当时是上午，那么"快到中午了"这句答话是真话，也即稍高的一个是说了真话。由于已知在上午说真话的是嘉利，所以稍高的一个是嘉利。

第6章 趣味逻辑游戏

305 巧得一千元

答案：儿子的回答是："父亲是正在想不给我这一千元吧！"如果儿子猜中了，依"猜得中即可得到一千元"的约定，父亲必须给他一千元。万一这句话并不是答案，那表示"父亲正想给我一千元"。所以儿子还是可以得到一千元。不论哪种情形，儿子都可获得一千元。

306 她能离婚吗

答案：因为这对夫妇对每件事的意见都有分歧，那么妻子想离婚，丈夫不想离；而丈夫想离婚，妻子又不想离。总之，两人难以在离婚问题上达成共识。

307 乱配鸳鸯

答案：因A、甲、C3人都说谎，所以A不娶甲，甲也不嫁C，所以甲嫁给B，C不娶丙，所以C娶乙。剩下是A娶丙了。

—235—

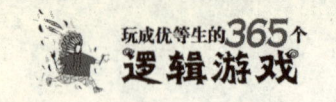

308 他们是什么关系

答案：B和C是兄弟；A是B的妻子；E是A的母亲；D是C的子女。可知B、C是男，A、E是女，则B、C为兄弟不难推出。则4为C所说，A是B的妻子。

309 孰男孰女

答案：有4男3女。甲、乙、戊、庚是男人，丙、丁、己是女人。从⑥得知：己是女的，庚是男的。从①、③、⑤、⑥可知：这7个人中，只有3个人是女的。从③、⑤可以肯定丁是女的。从而可知，其余4个人，即甲、乙、戊、庚一定都是男的。

310 性别组合

答案：如下所示，4兄弟姐妹中，2男2女的概率要低于3男1女或3女1男的概率。

1. 4个男孩的情况：1种。
2. 4个女孩的情况：1种。
3. 2男2女的情况：6种。
4. 3男或3女的情况：8种。其中：3男1女的情况4种，1男3女的情况4种。

311 说反话的外星人

答案：

① "你是女的吗？"回答"是"的是A星球人，回答"不是"的是B星球人；

② "你是B星球人吗？"回答"是"的是男的，回答"不是"的是女的；

③ "你是A星球的女性吗？"回答"不是"的是B星球的男性且一定讲真话，或者"你是B星球的男性吗？"回答"不是"的是A星球的女性且一定讲真话。

312 正确答案

答案：由题中可知，3个人都是答对5题，那么，我们可以两个人两个人地进行比较。对任何两个人来说，尽管他们答对的题号不可能全部相同，但至少有相同的3道题是大家都答对了的。从题目所列表格推知，第2题、第4题和第5题，A、B两人都是答对的；第1题、第5题和第6题，B、C两人都是答对的；第3题、第5题和第7题，A、C两人都是答对的。所以正确答案如下表：

1	2	3	4	5	6	7
○	×	○	×	×	○	○

313 得分

答案：40分。甲与丙相比，仅第3题、第5题、第9题答案不同，而甲比丙多得10分，所以在这3道题中，甲对两题，丙对一题。乙与甲对这3道题答案相同的20分即是答对其中的两题所得，其他各题乙都答错了。丁与丙的3道题答案相同，他答对了其中两道题。比较丁和乙对其他各题的答案，就能知道丁还答对了第5题和第8题。所以丁共答对4道题，40分。

314 谁是冠军

答案：巴西。先假设阿明正确，冠军不是美国就是德国；如果正确的话，不能否定阿呆的看法，所以阿明的评论是错误的，因此冠军不是美国或者德国；如果冠军是巴西的话，阿明的评论就是错误的，阿呆的评论也就是错误的。阿聪的评论就是正确的。假设法国是冠军，那么阿明就说对了，同时阿呆也说对了，而这与"只有一个人的看法是对的"相矛盾。所以英国不可能是冠军，巴西获得了冠军。

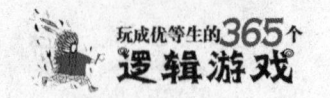

315 网球对抗赛

答案：会。如果差是4人，其部下肯定或者男女都是偶数，或者男女都是奇数。总之，和是偶数。包括王科长在内，营业科的人数其实是奇数。因此，有一个人要出场两次。

316 划拳比赛

答案：从石头、剪刀、布中选其中两个，由一个出弱的，剩下的全部出强的。例如，如果一人出石头，其余的全出布。这样，对方即使有人出剪刀也是平局，如果对方没有出剪刀的话，出布的人就获胜。以这种方式重复进行下去，就可以去掉平局，最少到划第4次拳时即可使一个人最后获胜。这是个有相当难度的问题。在这种情况下，最好的策略就是做到不要使全部人员一次输掉。

317 赛跑

答案：4次比赛的名次如果分别为①A、B、C、D；②B、C、D、A；③C、D、A、B；④D、A、B、C的话，就会出现题中所述的情况了。

318 死刑犯

答案：死刑犯回答的是："上绞刑架。"行刑官如果说他猜错了，按他事先说的，应执行绞刑，但这样一来，死刑犯说的又对了，应执行枪决。如果执行枪决，死刑犯说的就是错的，而说错了应执行绞刑。因此，无论怎样执行都是矛盾的。

319 问的学问

答案：外乡人只要对任何一个奴隶问："如果我要求你的伙伴指出那扇通向自由的门，那么他会指向哪扇门呢？"这样不管对方是说真话，还是说谎话，都会指出那扇可以使他沦为奴隶的门。据此，他就可以断定，另一扇门必定是通向自由的。

320 取金环

答案：将金链的第3个环打开，变成1+2+4个金环。第一天取1金环，地主剩2+4个环；第二天1换2，地主剩1+4个环；第三天1+2，地主剩4个环；第四天1+2换4，地主剩1+2个环；第五天4+1，地主剩2个环；第六天1换2，地主剩1个环；第七天全部取走。

321 投票方案

答案：A议员应该投乙方案的票。这样A议员就能确保自己获得1亿元的预算拨款。

322 找翻译

答案：4位。比方，分别用各自懂A、B、C、D国语言并且都懂E国语言的翻译共4人的话，那么只需通过E国语言就可以使全部代表听得懂了。

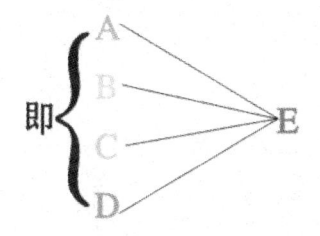

即 { A, B, C, D } → E

323 夜明珠在哪里

答案：1号屋的女子说的是真话，夜明珠在3号屋子内。假设夜明珠在1号屋内，那么2号屋和3号屋的女子说的都是真话，因此不在1号屋内；假设夜明珠在2号屋内，那么1号屋和3号屋的女子说的都是真话，因此不在2号屋内；假设夜明珠在3号屋内，那么只有1号屋的女子说的是真话，因此，夜明珠在3号屋里内。

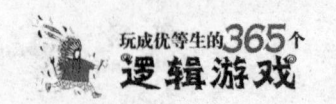

324 小岛方言

答案：能喝。这天是晴天，这个土族人如果是说真话的，那么关于"好天气"的回答为"是"，"呜呜哇哇"就是"是"的意思了，则"能喝吗？"的回答为"是"。如果说的是假话，问天气时回答的"呜呜哇哇"就是"不"的意思。那么，"能喝吗？"回答的是"不能"，因为他说的是假话，所以水池的水是能喝的。结论是这个土族人不管是说真话的人还是说假话的人，水都是能喝的。

325 姐妹俩

答案：美美和丽丽是姐妹。H代表50美分，Q代表25美分，D代表10美分，N代表5美分，运用条件1和条件2，通过反复试验可以发现如下的四种持币情况：

60美分	75美分
Ⅰ QQD	Ⅲ HNNNNN
Ⅱ NNH	Ⅳ QDDDDD

于是，根据条件3和条件4，可可的持币情况必定是Ⅳ，丽丽的持币情况必定是Ⅲ，爱爱的持币情况必定是Ⅱ，美美的持币情况必定是Ⅰ。

因此，在付账之后，各人持有的硬币为：

美美(Ⅰ)——QQ　丽丽(Ⅲ)——HN
爱爱(Ⅱ)——N　可可(Ⅳ)——DDD

根据条件5，美美和丽丽是姐妹俩。

326 他们有多大

答案：司机今年30岁，售票员和甲乘客同岁。司机的老家是湖北，乙的老家是沈阳，那么根据条件3，司机不会和乙同龄；司机的年龄是他女儿的3倍，那么根据条件1，他也不和甲同龄。所以，司机便只有和丙同龄了。因丙的年龄比司机的女儿大20岁，所以可以得出丙的年龄，也就是司机的年龄为30岁。既然甲不与司机同年，而且根据条件2"检票员昨天下棋输给了和甲同岁的乘务员"，可推知甲也不和检票员同岁，因而甲便只有和售票员同岁了。

327 山羊买外套
答案：小白羊买了黑外套，小黑羊买了灰外套，小灰羊买了白外套。根据第一只羊的话，买白外套的一定不是小白羊，是小黑羊或者是小灰羊，但是根据小黑羊的话说话的一定是小灰羊，那么小灰羊一定买了白外套。小黑羊没有买黑外套也不能买买白外套，只能买灰外套。小白羊只能买黑外套了。

328 猜头花的颜色
答案：红色。A看到一红一蓝，回答不知道；B通过A的回答，猜测A看到两红或一红一蓝。如果B看到C戴蓝色的头花，代表A看到一红一蓝，B就能推断出自己戴红色的头花；如果B看到C戴红头花，B就不能推断自己戴什么色彩的头花，也就是说B回答不知道，代表B看到C戴红色的头花，所以C就知道自己戴红头花。

329 他是怎么猜到的
答案：红色。周围的6个人只能看到周围5个人头上的头巾的颜色，由于中间那个小朋友的阻挡，每个小朋友都无法看到与自己正对面的头巾颜色，他们无法判断自己头巾的颜色，证明他们所看到头巾的颜色是3红2黑。剩下1黑1红是他们和自己正对着的人的头巾颜色，这就说明处于正对面的两个人都包着颜色相反的头巾，那么中间的人就只能包红色。

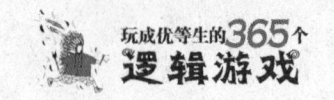

330 黑红手绢

答案：三个黑手绢。假如只有一个人背上是黑手绢，那么这个人在第一次关灯时就会咳嗽的，事实上他没有，所以不止一个人背上是黑手绢；如果是两个黑手绢，那么在第二次关灯时就该有两人咳嗽，结果仍没有，说明背上是黑手绢的人要多于两人。第三次关灯时有人咳嗽，说明此时最少有三个人发现自己背上是黑手绢，所以他们会咳嗽。

331 盲人分袜子

答案：将每双袜子都分开，每人各拿一只，这样每人都将得到两只黑的和两只蓝的，因袜子质地和型号都是一样的，因而便可凑成一双黑的和一双蓝的了。

332 彩色袜子

答案：3只。许多试图解答这道趣题的人会这样对自己说：假设我取出的第一只是红色袜子，我需要取出另一只红色袜子来和它配对，但是取出的第二只袜子可能是蓝色袜子，而且下一只，再下一只，如此取下去，可能都是蓝色袜子，直到取出抽屉中全部10只蓝色袜子。于是，再下一只肯定是红色袜子。因此答案是12只袜子。

但是，这种推理忽略了一些东西。题目中并没有限定是一双红色袜子，它只要求取出两只颜色相同从而能配对的袜子。如果取出的头两只袜子不能配对，那么第三只肯定能与头两只袜子中的一只配对。因此正确的答案是3只袜子。

333 鞋子的颜色

答案：假设聪聪的鞋子是黑色的，那么三种看法都是正确的，不符合题意；假设是黄色的，前两种看法是正确的，第三种看法是错误的；假设是红色的，那么三句话都是错误的。因此，聪聪的裙子是黄色的。

334 谁偷了奶酪

答案：1。假设老鼠A说的是真话，那么其他3只老鼠说的都是假话，这符合题中仅一只老鼠说实话的前提；假设老鼠B说的是真话，那么老鼠A说的就是假话，因为它们都偷食物了；假设老鼠C或D说的是实话，这两种假设只能推出老鼠A说假话，与前提不符。所以选项1正确，所有的老鼠都偷了奶酪。

335 谁偷吃了水果和小食品

答案：是老三偷吃了水果和小食品，只有老四说了实话。用假设法分别假设老大、老二、老三、老四都说了实话，看是否与题意矛盾，就可以得出答案。

336 谁在说谎，谁拿走了零钱

答案：丙说谎，甲和丙都拿了一部分。假设甲说谎的话，那么乙也说谎，与题意不符；假设乙说谎，那么甲也说谎，与题意不符。那么，说谎的肯定是丙了，只有甲和丙都拿零钱了才符合题意。

337 猫和鸽子

答案：李夫人的猫吃了钱先生的鸽子。首先，我们分析，赵夫人的猫吃了哪位先生的鸽子。赵夫人的猫吃的不是赵先生的鸽子；赵夫人的猫吃的也不是钱先生的鸽子，否则，钱夫人的猫吃的就是陈先生的鸽子，但事实上，钱夫人的猫吃的是赵先生的鸽子；赵夫人的猫吃的也不是陈先生的鸽子，否则，陈先生的夫人就会是赵夫人；赵夫人的猫吃的也不是李先生的鸽子，否则，赵先生的鸽子就会是被孙夫人的猫吃掉的，但事实上赵先生的鸽子是被钱夫人的猫吃掉的。因此，赵夫人的猫吃了孙先生的鸽子。这样，李夫人的猫吃的或是陈先生的或是钱先生的鸽子。李夫人的猫吃的不是陈先生的鸽子，否则，李夫人的丈夫就会是孙先生。所以李夫人的猫吃的是钱先生的鸽子。

338 被哪个学校录取了

答案：阿呆、阿聪、阿明分别被哈佛大学、牛津大学、麻省理工大学录取。假设阿明被麻省理工大学录取正确，根据甲、乙，阿呆就不会被牛津和麻省理工录取，那么他一定被哈佛录取；阿聪就要被牛津大学录取，符合题设条件。

339 谁去完成任务

答案：假设甲去，根据第5条乙也去，根据第2条丙不去，根据第4条丁不去，根据第3条戊去，根据第1条丁也去。可知，在让甲去的前提下，就要推出丁去、丁又不去的矛盾结论，故甲不能去。假设甲不去，根据第3条戊不去，根据第1条丁去，根据第4条丙也去，根据第2条乙不去，没有矛盾。因此，在甲、乙、丙、丁、戊5人中，应该让丙、丁两人去完成任务。

340 谁拿了谁的伞

答案：由条件可知，甲拿去的伞只可能是丙或戊的；乙拿去的只可能是甲或戊的；丙拿去的伞只可能是甲或丁的；丁拿去的只可能是甲或乙的；戊拿去的只可能是乙或丙的。先假设甲拿去的是丙的雨伞。这时戊拿去的只能是乙的，丁拿去的只能是甲的，丙拿去的只能是丁的，乙拿去的只能是戊的，这样，乙和戊互换了雨伞，与题意不符，因此假设不成立。

既然甲拿去的不是丙的，那便肯定是戊的了，于是可知乙拿去的是甲的，丙拿去的是丁的，丁拿去的是乙的，戊拿去的是丙的，此结果满足题目的一切条件。所以题目的答案是：丙拿去了丁的雨伞，丙的雨伞被戊拿去了。

341 各是第几名

答案：对16种发言逐一假设是正确的，可推知只有在E所说的"我不在F的前面"是正确的时，其他15种发言才都有可能是错误的。因此，在16种发言中，只有E说的"我不在F的前面"是正确的。进而在E的这句话正确、其他15种发言全错的情况下，便可以很容易推知在这次比赛中得第1~8名的顺序依次是F、B、D、E、G、A、H、C。

342 共有几条病狗

答案：3条病狗。

1.假如有1条病狗，那主人肯定不能看自己家的狗，出去没有发现病狗，但村长却说有病狗。他就会知道自己家的狗是病狗，那么第一天就应该有枪声，但是事实上大家并没有听到枪声，因此推出病狗不是一条。

2.假如有2条病狗，设为甲家和乙家。第一天甲和乙各发现对方家的狗是病狗，但是第一天没有听到枪响。第二天就会意识到自己家的狗也是病狗。接着第二天就应该有枪响，但事实上也没有，所以2条病狗也不对。

3.假设有3条病狗，设为甲、乙、丙家。第一天甲、乙、丙各发现2条病狗，他们就会想第二天晚上就会有枪响，但是第二天晚上没枪响，第三天晚上他们就会意识到自己家的狗也有病，所以开枪杀狗。因此通过假设，我们可以看出这个村里有3条病狗。

343 各是什么职务

答案：李明是检察长，李松是法院院长，李刚是公安局长，李通是司法局长。从3可以看出，李明、李松和李刚都不是司法局局长，司法局长只能是李通。从1和2可以看出，李明和李刚都不是法院院长，从4可以断定李明不是公安局长，可见李明是检察长，剩下的李刚就是公安局长了。

344 谁当上了记者

答案：推理这道题的关键是"只有一个人的判断是对的"。甲、乙都说"赵有希望"，则赵被排除了。丁说"赵不可能"，意味着其他5人都可能，那么根据题意，钱被排除了（甲也说钱有希

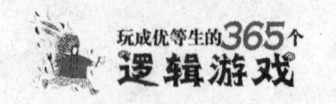

望），孙被排除了(乙也说孙有希望)，周、吴也被排除了（丙说他们有希望）。这样，只有李当上了记者，才符合题意（只有丁一人的判断是对的）。

345 猜城市

答案：假设甲说的第一句话正确，那么B是陕西，戊的第一句话就是错误的，戊的第二句话就是正确的；C是陕西就不符合条件。甲说的第二句话正确。那么E就是甘肃。戊的第二句话就是正确的，C是陕西。同理便可推出A是山东，B是湖北，C是陕西，D是吉林，E是甘肃。

346 记错的血型

答案：
1.假如聪聪记错，那么聪聪不是A型，而明明是O型，灵灵是AB型，因此聪聪必为B型，巧巧必为A型。与巧巧说的"我不是AB型"没有矛盾。
2.假如明明记错，这种情况实质上与1相同，没有矛盾。
3.假如灵灵记错，那么灵灵不是AB型，而聪聪是A型，明明是O型，于是灵灵是B型，巧巧是AB型。这与巧巧说的话不符，这也是不可能的。
4.假如巧巧记错了，那么巧巧是AB型，于是灵灵不是AB型，这与灵灵说的话不符，这也是不可能的。
由上可知，4人中要不是聪聪记错，便是明明记错，所以只可能是上述两种情况中的一种。

347 真假难辨

答案：竖着看表：有一人说A说谎，有两人说B说谎，也有一人说C说谎。既然A和C都说B说谎，那么他们俩要么都说谎，要么都说真话。如果A和C都说真话，那么C就不会指责A说谎话，这显然与题中C指责A说谎话相矛盾。因此A和C都说真话的假设是不成立的。所以只有A和C都说谎话，那么B就是说真话的，验证B对C的指责也是正确的。所以最后判断的结果是：B说真话，A和C都说谎话。

348 走哪条路
答案：假设第一个木牌是正确的，那么第一个小木牌所在的路上就有宾馆，第二条路上就没有宾馆，第二句话就该是真的，结果就有两句真话了；假设第二句话是正确的，那么第一句话就是假的，第一、二条路上都没有宾馆，所以走第三条路，并且符合第三句所说，第一句是错误的，第二句是正确的。

349 猜名字
答案：我们先试着分析同学A的回答：A说B叫"真真"，这样，无论A说的是真话还是假话，都说明A不会是真真（如果A说的是真话，那么B是真真；如果A说的是假话，那么，说假话的A不可能是真真）。B说自己"不是真真"，如果是真话，自然说明B不是真真；如果是假话，那么，说假话的B当然也不会是真真。由此可以推断，真真只可能是同学C了。既然同学C是从不说假话的真真，那么，C说B叫"假假"，B就肯定是假假了。还有同学A，他就只能是真假了。

350 你的话说错了
答案：一个缺乏逻辑知识的人恐怕不容易搞清楚，甚至会认为小刘的话说错了，小王的反驳是对的。但是如果我们掌握了有关的逻辑知识，这个问题并不难解决。形式逻辑关于模态判断之间真假关系的知识告诉我们，"这件事可能是小李干的"与"这件事确实不是小李干的"，二者之间是个反对关系：不能同真可以同假，即当后者真时，前者真假不定，因而不能用后者去否定

前者。就是说，虽然事实已经证明"这件事不是小李干的"，但它还不能证明"小李不可能干这件事"。既然"这件事不可能是小李干的"的真实性尚未得到证明，就不能用它作为论据去否定"这件事可能是小李干的"。可见，小王对小刘的反驳，其诡辩性质是犯了"预期理由"的错误。

351 到底多大

答案：B。此题最好用排除法，根据条件只有一个人说的是正确的，如果张说得对，那么王和赵说得也对，排除A；同理王说得也不对，如果李说得是对的，赵说得也可能对，反之也是如此，排除C、D。故选B。

352 哪个正确

答案：C。假设同学甲"第三题是A"的说法正确，那么第二题的答案就不是C。同时，第二题的答案也不是A，第五题的答案是C，再根据同学丙的答案知道第一题答案是D，然后根据同学乙的答案知道第二题的答案是E，最后根据同学丁的答案知道第四题的答案是B。所以以上4个选项第三个选项正确。

353 谁是教授

答案：如下图：

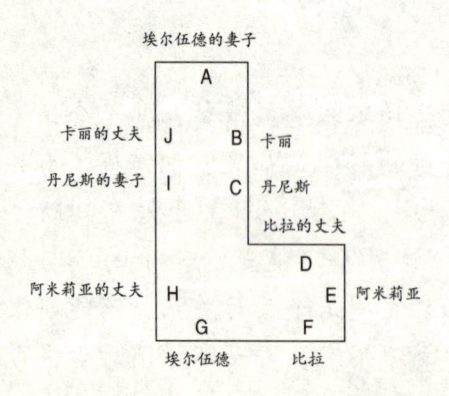

354 小熊的朋友是谁

答案：根据已知条件，经过逻辑推理后可知小兔、小鸭、小鸡、小狗、小熊依次坐在B、C、D、E、F凳上，小熊的朋友则坐在A凳（方凳）上。据此，我们亦可推知，小猴只能是坐A凳上，因此，小熊的朋友也必然是小猴。

355 水果的顺序

答案：

后排：梨、橘子、桃、李子、樱桃、枇杷、柿子、杏子、番木瓜、番石榴。

前排：酸橙、西瓜、香蕉、黑莓、草莓、树莓、柠檬、芒果、油桃、葡萄。

356 酒鬼和礼品

答案："花雕"先生所收到的礼品是"西凤"先生送的。"茅台"先生送给"二锅头"先生花雕酒；"二锅头"先生送给"西凤"先生五粮液；"西凤"先生送给"花雕"先生茅台酒；"花雕"先生送给"五粮液"先生二锅头；"五粮液"先生送给"茅台"先生西凤酒。

357 玩扑克

答案：B。因为游戏规则是"夫妇两个不能一组"，同样的，"没有一个女人同自己的丈夫一组"。对照以上原则，已知张三跟徐敏一组，所以张三和徐敏不能是夫妻，D选项不符合题意；再假设A正确，张三跟徐敏一组，那么剩下的两组只能是李四和王芳，王五和李丽，对照题目已知"李四的队友是王五的妻子"发现，李四的队友王芳是张三的妻子，于是假设不成立，A不符合题意；同样的道理，假设B正确，已知张三跟徐敏一组，剩下的两组就是李四和李丽，王五和王芳，再对照已知"李四的队友

—249—

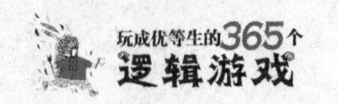

是王五的妻子"和"李丽的丈夫和王芳一组"发现完全吻合，因此假设成立。所以B符合题意；假设C成立，那么已知张三跟徐敏一组，剩下的两组就是李四和王芳，王五和李丽，再对照已知条件"李四的队友是王五的妻子"发现，王芳不是王五的妻子，因此，假设不成立，选项C不合题意。

358 哪种花色是王牌

答案：根据条件4和条件5，红桃的数目必定小于或等于4。假设红桃的数目是1，则方块的数目是4，黑桃的数目是5，草花的数目是3，这和王牌的数目是2矛盾，故不成立。假设红桃的数目是2，则方块的数目是3，黑桃的数目是4，草花的数目是4，和每种花色的牌的数目不一样多的条件矛盾，故不成立。假设红桃的数目是3，则黑桃的数目也是3，同样不成立。假设红桃的数目是4，则方块的数目是1，黑桃的数目是2，草花的数目是6，成立。因此黑桃是王牌。

359 两对双胞胎

答案：假设B说的是事实，则C就是d的姐姐，按D的依据就是C也为真，那么出现有两个人说的是事实，与题意矛盾，所以B说的不是事实，同时也知道C不是d的姐姐，则B、C的话都是假的，所以只有A说的是真话，则A就是d的姐姐，A说B的妹妹不是a，又不可能是d，所以B的妹妹只可能是b或c，根据C的假话知道D的妹妹就是c，B的妹妹就是b，最后C的妹妹就是a。

360 谁和谁是夫妻

答案：洪与江、李与王、赵与徐、张与杨为夫妻。

分析：首先分析性别，因为李的爱人是洪的爱人的表哥，所以说明李是女性，当然，与李在结婚前同住在一个宿舍的徐和张也为女性。所以我们得出了：

男：赵、洪、王、杨
女：李、徐、张、江

接下来分析夫妻关系，从洪入手，因为洪夫妇和邻居吵架，徐、张、王来帮忙，说明了洪的对象不能是徐和张。所以洪的对象有两个可能：李和江。但是由于李的爱人是洪的爱人的表哥，所以否定了李，因此洪与江是对象。

接下来分析李的爱人：因为洪夫妇与邻居吵架，徐、张、王都来助阵，这里只有王是男性，而且李的爱人是洪的爱人的表哥。所以说明王很有可能就是江的表哥，也就是李的丈夫。这样我们分析出了王与李是一对。

剩下的男性还有赵和杨，女性还有张和徐。第一句说了：赵结婚的时候张来送礼，说明赵不是和张结婚，所以赵和徐是夫妻，张和杨是夫妻。

361 张三的老婆

答案：C。由条件3、4可得，张、杨一定小于30岁，郭和周有一个人小于30岁，根据条件7，张三不会娶张、杨。由条件5、6可得，王和周的职业是秘书，郭和杨有一个人是秘书，根据条件7，张三不会娶王、周。所以只有郭符合条件。

362 打高尔夫球的夫妇

答案：考虑到4个球手的平均分是93.5杆（187除以2），因此，根据陈述3，阿尔伯特夫妇中，一个人的成绩为93，另一个是94。根据陈述4，两个男人的平均分是94.5，两个女人的平均分是92.5。根据陈述2，凯瑟琳的成绩必定是94，卡罗尔的成绩是91。因此凯瑟琳姓阿尔伯特，根据陈述1，她的丈夫是乔治，乔治的成绩是93。卡罗尔·贝克的丈夫是哈利，哈利的成绩是96。

结果是：

卡罗尔·贝克91杆

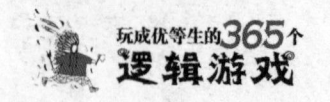

乔治·阿尔伯特 93杆

哈利·贝克 96杆

凯瑟琳·阿尔伯特 94杆

363 远足者过河

答案：让这两个孩子先过河，一个孩子留在对岸，另一个把船再划回来。这时让一个远足者划船过河，由在河对岸的那个孩子把船划回来，然后两个孩子再一起过河。不断重复前面这个过程，直到最后一个远足者也被送到河对岸去为止。

364 过河

答案：第一步：猎人与狼先乘船过去，放下狼，回来后再接女人的一个孩子过去。

第二步：放下孩子将狼带回来，然后一同下船。

第三步：女人与她的另外一个孩子乘船过去，放下孩子，女人再回来接男人；

第四步：男人和女人同时过去，然后男人再放下女人，男人回来下船，猎人与狼再上去。

第五步：猎人与狼同时下船，然后，女人再上船。

第六步：女人过去接男人，男人划过去放下女人，回去接自己的一个孩子。

第七步：男人放下自己的一个孩子，把女人带上，划回去，放下女人，再带着自己的另外一个孩子过去。

第八步：男人再回来接女人。

365 转移矿石的方法

答案：用3架飞船，按照下图所列顺序，搬动16次即可。

次数	19吨	13吨	7吨
0	0	13	7
1	7	13	0
2	19	1	0
3	12	1	7
4	12	8	0
5	5	8	7
6	5	13	2
7	18	0	2
8	18	2	0
9	11	2	7
10	11	9	0
11	4	9	7
12	4	13	3
13	17	0	3
14	17	3	0
15	10	3	7
16	10	10	0